JN315661

腹を凹ます
体幹力トレーニング

木場克己

三笠書房

はじめに

なぜ、トップアスリートや仕事のできる人は「体幹《コア》」を鍛えるのか？

昨今、世界で活躍する多くのトップアスリートや、仕事のできるビジネスパーソンたちのコメントに、「体幹を鍛える」というフレーズがよくでてきます。

彼らは、「体幹」を鍛えてこそ、体にも、頭にも、ものすごくいい変化がもたらされることを、深く実感し、理解しているのです。

「体幹」を整えることのメリットは、大きすぎるほど。体の中心にブレない軸がで

長友佑都選手からの
直筆メッセージ。

きると、運動能力が格段にアップします。疲れにくくタフな引きしまった体に変わり、ウエスト20センチ以上減という方も続出！「脳の働き」や「心の強さ」までパワーアップすることが、続々と明らかになってきています。

●世界で活躍するアスリートたちが、もっとも信頼するメソッド

これまで私は、スポーツトレーナーとして、トップアスリートからビジネスパーソンまで、たくさんの方々の体と心に接してきました。

中でもサッカー界とのつながりが深く、FC東京のチーフトレーナーをへて、現在、横浜FCや、サンフレッチェ広島ユースで、アドバイザーをつとめています。

また、世界の大舞台で活躍中の長友佑都《ながともゆうと》（インテル・ミラノ）をはじめ、元日本代表の福西崇史《ふくにしたかし》、宮本恒靖《みやもとつねやす》、土肥洋一《どいよういち》、ロンドン五輪で銀メダルを獲得した、なでしこジャパンの大儀見優季《おおぎみゆうき》、アテネ・北京五輪金メダリストである柔道の谷本歩実《たにもとあゆみ》たちをパーソナルトレーナーとして指導しました。

その成果は彼らの実績が証明してくれています。

長友佑都選手とのつき合いは長く、私が出会ったころ、彼はまだ大学生でした。当時彼は、腰に深刻な故障を抱えており、選手生命の危機に瀕していたのです。

ですが、「KOBA式・体幹トレーニング」によって、どん底状態から、ワールドカップ出場という最高の状態に、見事ステージアップをはたしました。

「体幹力」をあげれば、腰痛や小柄であるという弱点をも克服して、〝世界で渡り合える〟のだと、実証してくれたのです。

この「KOBA式・体幹トレーニング」は、自分の体ひとつだけで、いつでもはじめられ、**器具はいっさい不要**です。**負荷は自分の体重だけですから、関節に負担がかかりません。安全かつ確実に、潜在能力を目覚めさせる究極のトレーニング法です。**

しかも、ゴルフ、テニス、野球、水泳……あらゆる種目で圧倒的な成果があがったという報告が寄せられています。

●実証済み！「腹《ハラ》」を鍛えれば、人生が丸ごと大好転する！

「おなかを中心に体幹を鍛えはじめたころから、体力、精神力ともに向上し、どんどん運が開けていった」

佑都選手がこう語るように、「腹」をガッチリ整えると、面白いくらいに人生が、いい方向へ導かれていきます。

体幹力の強さは、あなたに迫力をもたらします。

集中力が増し、「やるぞ！」と人生に勝利するパワーがみなぎるタフな体に変わるでしょう。内臓の働きも格段によくなるため、見た目が20歳若く変身します。

肉体面とメンタル面の双方から魅力が引きだされていきますので、オマケの効能としては、男性も女性もモテ度が格段にアップします。

そう、**心、体、頭、魅力……、「体幹を鍛えることは、人間力を丸ごと高めるこ**

と」なのです。

本書は、運動不足のメタボさんから、トップアスリートまで、これ1冊で10倍タフに変身できる〝強力メニュー〟を厳選して盛りこみました。

これまで、体幹を鍛えることで、想像を超えるビッグな夢をかなえ、豊かに充実した人生を手にした方たちを、本当に大勢見てきました。

次は、あなたの番です。

まずは1週間を目標に、はじめましょう！　必ず、体は応えてくれます。

手頃な文庫サイズなので、本書をカバンの中にたずさえ、オフィスでもぜひ実践してみてください。

人生が思いどおりに動きだす、素晴らしい変化への第一歩です！

木場克己

Contents

はじめに　なぜ、トップアスリートや仕事のできる人は「体幹《コア》」を鍛えるのか?　3

Chapter 1
潜在力がラクラク目覚める! 究極のトレーニング
——〝腹が凹むしくみ〟がわかる。「体幹エッセンス」!

体幹を鍛えると、何がいいのか? どう変わるのか?　14
なぜ、「飛ばないボール」がブーンと飛ぶのか!?　25
ゴルフで遠くに飛ばすには? ラクに楽しくジョギングするには?　26
〝体が勝手に進化する〟一番効率のいいトレーニング順　27
あの長友選手も! プロの肉体改造は、必ずココからはじまる　29
新事実!——ちょっとしたストレッチで血管・筋肉が若返る!　30
一生太らないダイエットができる　32
トレーニングも勉強も〝面白いほど「続く!」技術〟　36

Chapter 2 2分でわかる「体幹力」チェック
――意外と知らない自分の体！

「それ」は体幹からのSOS 38
ザックリ日常生活でチェック！ 40
あなたの今の「体幹力」は？ 2分でわかるテスト 45
超重要！ すべては、この「ドローイン」のマスターから 61
ドローイン1／ドローイン2
「信号待ちの10秒」も、黄金のトレーニングタイムに変える技術 68

Chapter 3 腹を凹ます！ 1週間・完全プログラム
――1日5分！ 代謝があがる！ リバウンドしない！

1週間で確実に、違いがでる！ 70
はじめる前に、知っておきたい「成功のコツ」 71

これが「プログラムの進め方」だ！　74
実践！　「全レベル共通12のストレッチ」　79

Chapter 4 実践！　レベル1　体幹トレーニング

――ラクラク「インナーのパワーアップ」「メタボ解消」　99
①ドローイン2／②クランチ／③腕あげクランチ／④フロントアームリフト
⑤サイドアームリフト／⑥バックブリッジ／⑦サイドアップ

Chapter 5 実践！　レベル2　体幹トレーニング

――サクッと「アウターのパワーアップ」「見た目チェンジ」　117
①ももあげクランチ／②アームレッグクランチ／③ダブルニートゥーチェスト
④ニートゥーチェスト／⑤半身クランチ／⑥サイドレッグリフト／⑦フロントブリッジ
⑧バックレッグサイドリフト／⑨バックキック

Chapter 6
実践！ レベル3 体幹トレーニング
――インナーとアウターを連動させて、全身パワーアップ 139
①ドローインVクランチ／②連続クランチ／③フルサイドブリッジ
④クロスクランチ／⑤ツイストクランチ／⑥ダイアゴナル／⑦バックニーキック
⑧腕伸ばしツイスト

Chapter 7
実践！ レベル4 体幹トレーニング
――「ちょいキツ」が最高に効く！ 人生が変わる！ 159
①脚あげサイドブリッジ／②Vクランチ／③片手フロントブリッジ
④ニーアップフロントブリッジ

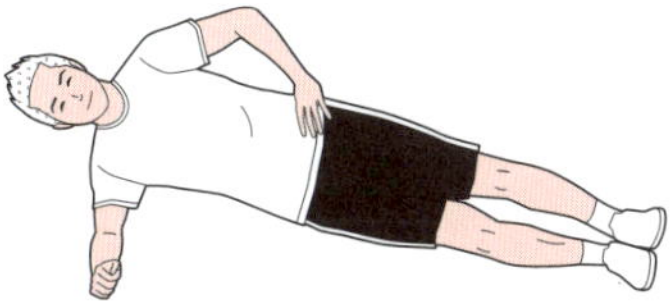

Chapter 8

ストレスを消して疲れをとる！ 快適だから能力全開！

——オフィスや家でリラックス。そのカンタンすぎるコツ

「疲れを、マメにリセット」が、将来の健康指数を左右 172
首・肩・腰に即効く7つの「オフィスストレッチ」 172
日中の半分を費やす「座り姿勢」で万病を予防！ 179
朝か晩か？ おすすめのトレーニング時間 181
疲れが残らない「アスリート流・入浴法」 183
朝の目覚めが断然違う！ 「短く深く、眠る法」 185
ストレスがスーッと消える「極めつけの呼吸法」 188
おわりに 「体幹」を鍛えて、ワイルドに夢をかなえる！ 189

編集協力 櫻井裕子
イラスト 渡辺鉄平
CG BACKBONEWORKS
写真 iStockphoto
本文DTP Sun Fuerza

Chapter
1

潜在力がラクラク目覚める！究極のトレーニング

——〝腹が凹むしくみ〟がわかる。「体幹エッセンス」！

◎体幹を鍛えると、何がいいのか？　どう変わるのか？

今、体幹トレーニング（体幹トレ）に注目が集まっているのは、なぜだろうか？　それは、**オリンピックなど競技の実践現場や、ケガや痛みの再発防止といった医学的な見地において、その有効性が続々と明らかになっているからだ。**

しかも、体幹力は、「体調」や「心の強さ」のほか、「脳の働き」とも常に連動している点も見逃せない。

鍛えるほど多大なるメリットが得られる体幹だが、そもそも体幹とは何だろうか？　どこにあるのか？

一言でいうと、「体幹《コア》」とは、「胴体《ボディー》」のこと。つまり、頭、腕、脚以外の体の中心部を指し、胸部、腹部、背部、腰部からなっている。

イメージしやすいよう、体を樹木にたとえて見ていこう。

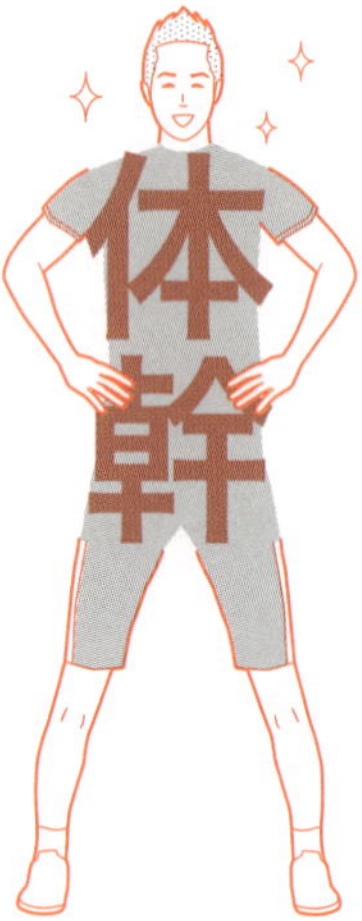

体幹（胴体）に当たるのが木の幹。そして、腕や脚は、木の幹から分かれた枝の部分だ。やはり、大地にどっしりと根をはった太い幹の樹木は、力強く、見るからに生命力にあふれ、枝葉の伸びにも勢いがある。

同じように、胴体が安定した体は、背骨や骨盤を「正しい角度」にしっかりとささえてくれる。勢いよく伸びた枝のように、腕や脚の本来の力が、十二分に発揮できるようになる。

このほか、体幹が強くなると、具体的にどんな効果があるのか？ どう人生が変わるのか？ その効果を、「体験者の声」とともに、カンタンにまとめておこう。

1 背筋がピンと伸びて、姿勢がよくなる

★「長年の〝ねこ背〟が治って、自分の姿勢がカッコいいと思えた」（30代・男性）

この男性は、体幹トレ開始後すぐに、女子社員たちから**「後ろ姿がカッコいい」「スーツ姿が決まっている」**と、ほめられまくったという。これこそ「ＫＯＢＡ式・体幹トレーニング」の目に見える効果！ 背骨をささえる筋肉が強化されれば、

背筋がスッと伸びた美しい姿勢を、ラクに維持できる。背が高く、肩幅は広く見えるのだ。

2 腹がペタンコに凹み、美しく体型が整う

★「運動不足がたたり、1年で12キロ増。あわてて体幹トレをはじめたら3カ月で6キロ減り、ズボンがガボガボに！　変化が見えるから励みになる」（20代・男性）

体幹を鍛えて「腹が凹んだ」というビジネスパーソンの証言は、とても多い。

おなか周辺のインナーマッスルが強化されて**腹圧（筋肉によっておなかの内部にかかる圧力のこと）があがると、下降ぎみだった内臓がしっかりガードされる**。すると、おしりや脚の形もビシッと整ってくる。容姿に自信がつくと、スタイル維持のために積極的に歩いたり、おしゃれをしたりと、

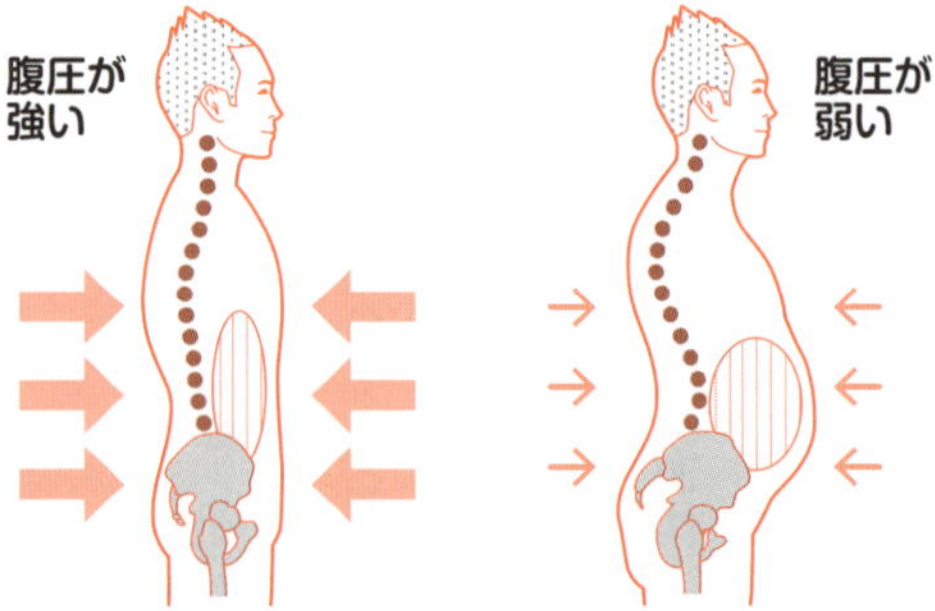

腹圧が弱いため背骨がくずれ、内臓がつきでる

筋肉のガードルにつつまれて背筋が伸び、腹が凹む

ライフスタイルにも革命的な変化が起こる。また、筋力がアップすれば、必ず基礎代謝（生体を維持するのに最低限必要なエネルギー）があがるので、ほうっておいてもやせる体に変わる。メタボ対策に断然おすすめだ。

逆に、体幹が弱いと、内臓をささえるガードルが弱いため、なだれ現象のようにおなかが前につきでてしまう。背骨、骨盤だって、変に傾く。

3 立つ、座る、歩くなど、日常の動作がラクラク、スピードアップ

★「歩くスピードが速くなったのがわかる。通勤時、駅まで徒歩10分かかっていたのが、サクサク歩けて8分に短縮された。体が若い！　と感じる」（40代・男性）

体幹を鍛えると、立つ、座る、歩くといった日常の動作がスムーズに、そして機敏になる。道をダッシュするときも、弾むように速く走れることに気づくだろう。

4 走る、跳ぶ、投げる、蹴るなど、運動能力アップ（競技のパフォーマンス向上）

★「ゴルフのスイングで、飛びの違いを実感。腰に安定感がある」（30代・男性）

体幹は、すべての動作の出発点。**手も、脚も、頭部も、実は、常に体幹と連動し**

て動く。だから、体幹力をあげると、爆発的に手足の動きがよくなる。とくにKOBA式の「ストレッチ＋体幹トレ」だと、その相乗効果で、「あっ」と驚くスピードや推進力が生まれる。競技のパフォーマンス向上には、体幹トレが必須なのだ。

5 腰、肩の痛みが解消する

★「5年も悩まされた腰痛から解放され、30代の体に戻った！ 長時間のデスクワークも疲れない」（40代・男性）

腰痛は、姿勢の悪さや、それによって起こる腹筋バランスの偏りに起因している。そこで、体幹トレをして筋力バランスが整うと、長年の腰痛から解放されるケースが多くある。正しい姿勢が維持できるようになれば、肩こりの予防にもなる。

6 バランス感覚がよくなって、ケガ・スポーツ障害が予防できる

★「週末やっているサッカーの練習中、脚がつることがなくなった。以前はしょっちゅうだったけど……」（20代・男性）

スポーツには故障がつきもの。とくに、ふだん運動をしないビジネスパーソン

が週末だけスポーツをすると、〝脚がつる〟などのトラブルにみまわれやすくなる。この20代の男性は、運動不足だった日常を反省して、ほぼ毎日ストレッチと体幹トレを実施した。すると、すぐに動きやすさを感じ、今まで頻繁に起こっていた足腰の故障に悩まされなくなったという。**体幹トレを続ければ、ボールの上に立つのもへっちゃらになるほど、バランス感覚がよくなる。**そして、ケガをしづらくなる。

7 胃腸の調子がよくなり、スタミナがついて疲れにくくなる

★「はじめてすぐに便秘が解消！ 整腸薬をてばなせた」（30代・女性）

体幹トレは、便秘対策にもおすすめだ。筋肉が柔らかくなると、血液やリンパ液のめぐりもスムーズになる。ともに内臓の働きが活発になり、胃腸の具合もよくなるのだ。ほかに、**むくみにくさ、疲れにくさ**を感じる方も多い。

8 メンタル面の強化、脳の活性化で、仕事力がアップ。オマケにかなりモテる

★「思考が柔軟になり、仕事に意欲的に取り組めるようになった。集中力がついて、アイデアもポンポン飛びだしてくるのがうれしい」（20代・男性）

体幹を強くすると、「物事をポジティブに捉えられる」「ひらめきをすぐに行動に移せる」「大切なプレゼンなど、ここ一番で集中できる」「居眠りがなくなる」など、脳やメンタル面にいい影響がでる。当然、仕事にもうれしい変化が起こる。異性から快く協力を得られることが増えるなどなど！　相乗効果が高まるばかり。

9 内側から、すごい行動力がわいてくる

★「引きこもりから脱出。いろいろな場所にでかけたくなる」（40代・女性）

腰痛で引きこもっていた患者さんから、「痛みがとれたとたん、でかけたくなった」と報告を受けることが多くある。**外にでて人と積極的にコミュニケーションすれば、「いい情報」も入ってきて毎日が充実し、人生そのものが活気に満ちてくる。**

◎これが体幹をつくる筋肉だ！

インナーマッスルからアウターマッスルまで、体幹をつくる主要な筋肉名とその性質を、カンタンに見ておこう。知れば意識できるので、効き方も違ってくる。

Outer Muscle

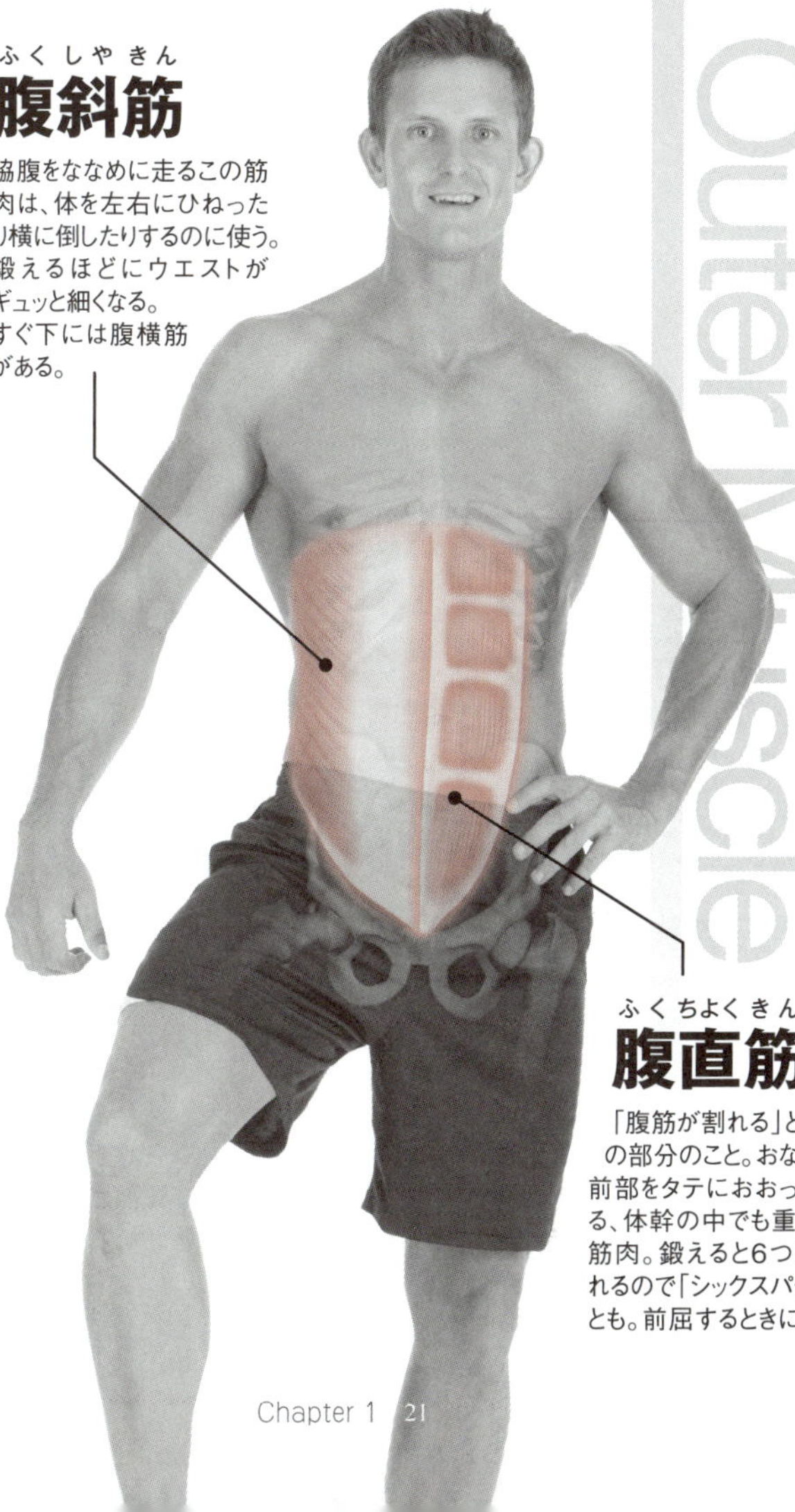

腹斜筋《ふくしやきん》

脇腹をななめに走るこの筋肉は、体を左右にひねったり横に倒したりするのに使う。鍛えるほどにウエストがギュッと細くなる。

すぐ下には腹横筋がある。

腹直筋《ふくちよくきん》

「腹筋が割れる」とはこの部分のこと。おなかの前部をタテにおおっている、体幹の中でも重要な筋肉。鍛えると6つに割れるので「シックスパック」とも。前屈するときに使う。

Inner Muscle

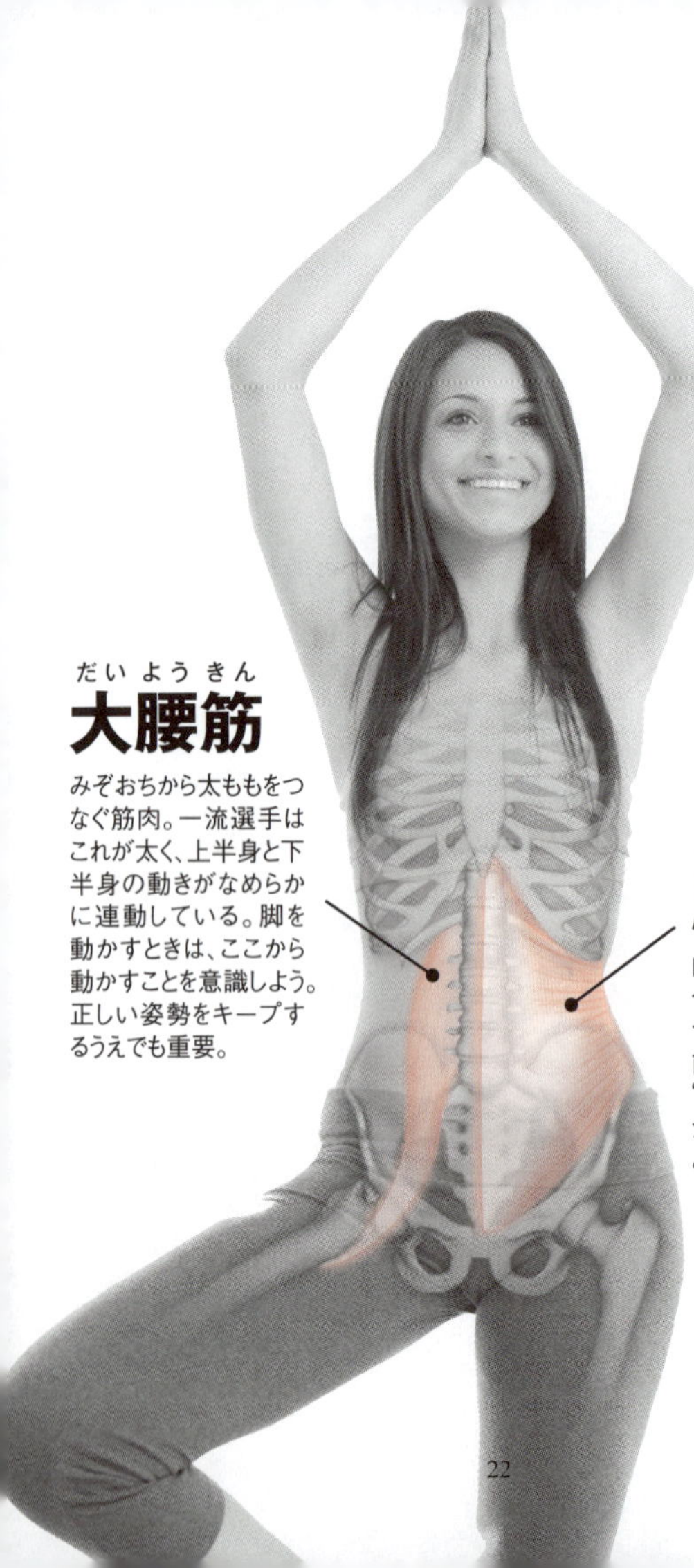

大腰筋《だいようきん》

みぞおちから太ももをつなぐ筋肉。一流選手はこれが太く、上半身と下半身の動きがなめらかに連動している。脚を動かすときは、ここから動かすことを意識しよう。正しい姿勢をキープするうえでも重要。

腹横筋《ふくおうきん》

内臓をコルセットのように包む腹筋のひとつ。体を左右にひねり、前屈する際に使う。“ぽっこり下腹”をビシッと引きしめるのも、この筋肉だ。

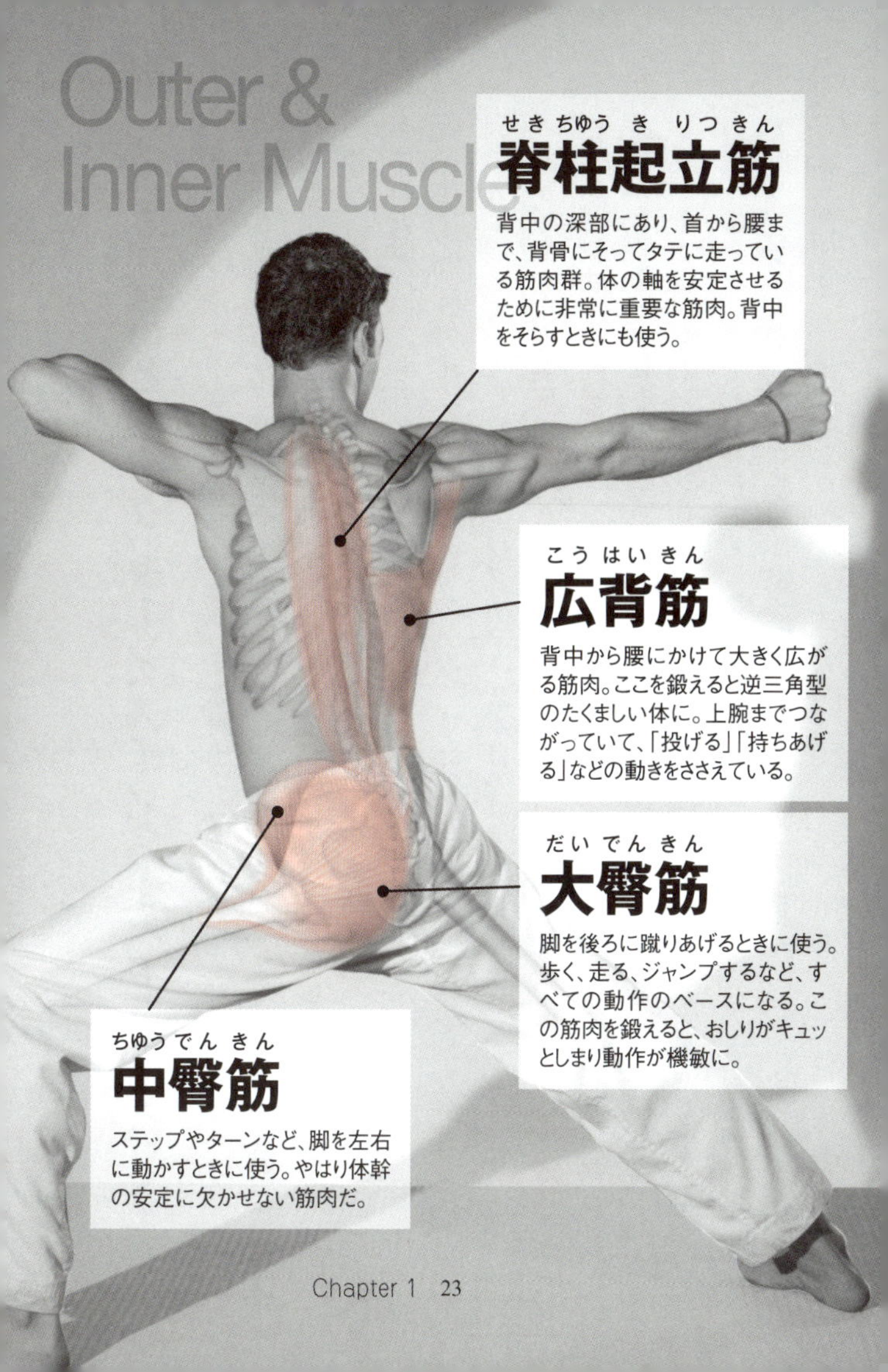

Outer & Inner Muscle

脊柱起立筋《せきちゅうきりつきん》

背中の深部にあり、首から腰まで、背骨にそってタテに走っている筋肉群。体の軸を安定させるために非常に重要な筋肉。背中をそらすときにも使う。

広背筋《こうはいきん》

背中から腰にかけて大きく広がる筋肉。ここを鍛えると逆三角型のたくましい体に。上腕までつながっていて、「投げる」「持ちあげる」などの動きをささえている。

大臀筋《だいでんきん》

脚を後ろに蹴りあげるときに使う。歩く、走る、ジャンプするなど、すべての動作のベースになる。この筋肉を鍛えると、おしりがキュッとしまり動作が機敏に。

中臀筋《ちゅうでんきん》

ステップやターンなど、脚を左右に動かすときに使う。やはり体幹の安定に欠かせない筋肉だ。

◎コアが強いと、キック、ターン、スイング、すべてうまくいく

体幹は、インナーからアウターまで、十数種もの筋肉によってつくられている。中でも重要なのが、**背骨にそってついている脊柱起立筋**、そして、**おなかを囲む腹横筋、腹斜筋、腹直筋**などの腹筋、**背中を広範囲にカバーする広背筋**などだ。

体の表面付近にあるアウターマッスルは、腹が割れ、腕に力こぶができる——という具合に、鍛えればどんどん盛りあがる。見た目が面白いくらい変わるから、9割の人は、それがうれしくてアウターマッスルばかり鍛えてしまう。

だが、あなたの奥底に秘められた潜在力を目覚めさせてくれるのは、実は、深奥にあるインナーの筋肉だ。 インナーマッスルがたっぷりバランスよくついていれば、骨格がコルセットにささえられた状態になり、真に安定した幹になる。

鍛えあげられたインナーマッスルに包まれた体幹は、空気を十分に含んだボールのように、ピン！　とハリがある。投げる、蹴る、跳ぶ……どんな動きも、弾むボールのように速く、力強くなる。すべてが「いい感触」になる。

◎なぜ、「飛ばないボール」がブーンと飛ぶのか⁉

「コントロールをよくして、速い球を投げたい」

ピッチャーのそんな望みをかなえてくれるのも、鍛えあげた体幹だ。**ピッチャーがボールを投げようとしたときに、最初に動く「動作の起点」は、腕ではなく「体幹」だ。**

腕も脚も、体幹部の力が伝わることで動くので、軸が安定しないと、フォームもコントロールも定まらない。逆に、体幹力が強くなれば、当然、連動する手足の動きもパワーアップして、これらの問題が一挙に解決する。

また、「ホームランを打ちたい！」というバッ

ターは、腰まわりの体幹のバネを強くすれば、その反発力で**腰を回したときの戻りが早くなり、スイングが鋭くなる。**「飛びにくい低反発球」が勢いよく飛び、見事、外野フェンス越え！　というミラクルだって、いくらでも起こせる。スランプに陥った選手にとっても、体幹を鍛えることは、打率回復のための絶対条件だ。

◎ゴルフで遠くに飛ばすには？ ラクに楽しくジョギングするには？

ゴルフが好きだけど、なかなか上達しないというなら、これまでの練習内容を振り返ってみよう。ゴルフの上達に欠かせない条件は、次の2つ。

- **体幹を鍛えて、コアを強くする。**
- **肩甲骨の可動域を広げるストレッチをする。**

ゴルフも野球と同様、腰まわりのバネを強くすれば、腰の回転が速くなり、飛距離がグンと伸び

る。さらに、肩の柔軟性を高め、肩甲骨の可動域を広げれば、スイングアークが大きくなり、自分でも驚くほどの〝飛ばす力〟が生まれる。

ランニングもしかり。多くの市民ランナーは脚だけで走るから、腰やヒザに負担がかかって、すぐに疲れてしまう。だが、**トップランナーたちは、「体幹を使って走る」**から、重心移動がラクにできて、疲れず速く走ることができる。

結局のところ、体幹の強化は、どのスポーツにおいても必修のトレーニングだ。

◎〝体が勝手に進化する〟一番効率のいいトレーニング順

①まず、ストレッチで「柔軟性を高める」。
②次に、インナーマッスルを刺激する体幹トレで、「軸をかためる」。
③アウターマッスルを刺激して、おなかの中心から外側へと刺激を入れていく。
④仕上げとして、インナーマッスルとアウターマッスルを同時に刺激しながら鍛え、筋肉全体のつながり（連動性）をよくしていく。

トップアスリートも実践しているこの「KOBA式・体幹トレーニング」の順番なら、確実な成果があらわれる。

KOBA式の最大の特徴は、必ず**「ストレッチ」と「体幹トレーニング」をセットで行うこと**。

こうすると、眠っていた中心深層部の筋肉が目覚め、コアを十分に強くしながら全身のバランスを整えることができる。

そして、柔軟性を最大限に高めてから、中心から外側へ筋肉を刺激していくと、筋肉全体のつながりがよくなり、よりダイナミックに動けるようになるのだ。

数十種類ある「KOBA式・体幹トレーニング」のメニューには、「インナーマッスル」を主に鍛えるものと、「アウターマッスル」を主に鍛えるものがあるが、**本書にしたがって、インナーマッスルを先に強化すると、あとがラクになる**。

さらに、ライフスタイルや姿勢のクセ、筋肉や関節の状態に合わせた〝あなた独自のトレーニング・メニュー〟がつくれるので、継続するうちに、同じような痛みやケガを繰り返さなくなっていく。

◎あの長友選手も！　プロの肉体改造は、必ずココからはじまる

長友佑都選手の再生プロセスでも、まず重きを置いたのが「ストレッチ」だった。

佑都はもともと、腹筋、背筋などの状態はよく、前後の動きは強かったが、腰をひねる筋肉が弱く、柔軟性に欠けていた。つまり、体幹部のバランスが悪く、腰に負担がかかりすぎたために、椎間板ヘルニアや腰椎分離（疲労骨折）などの大きな故障を抱えてしまったのだ。

サッカーで重要なのは、キックやターンなので、ひねる動作で使う筋肉がかたいと、力が発揮できず、満足なプレーができない。

そこで、腰まわりの筋肉を強化するための体幹トレーニングを開始した。

手順として、まず痛みをとるために、ストレッチのみを1カ月繰り返し行った。筋肉が全体にほぐれたところで、ひねるときに使う腹横筋（インナーマッスル）、腹斜筋（アウターマッスル）などの筋肉トレーニングを重点的に行い、最終的に、

すべての筋肉の〝連動性〟を高めるトレーニングへとつなげていった。

そして、それを約4年間コツコツ続けた結果が、今のたぐいまれなる体幹だ。彼は現在でも、**「体幹は自分をささえる重要な武器」**といって、より速く最初の一歩を踏みだすために、一日も欠かさず体幹トレーニングに励んでいる。

◎新事実！――ちょっとしたストレッチで血管・筋肉が若返る！

次に、私が重視している「ストレッチ」の効果について見ていこう。

ストレッチは、周知のとおり、スポーツの前後に行うカンタンな体操だが、体幹トレの前に、これをやるとやらないのとでは、天と地ほども効果が変わってくる。「やらないと損！」というほどの、大切なプロセスなのだ。

では、ストレッチで体はどう変わるのか？

★筋肉の緊張がゆるんで血流がみるみるよくなる⬇ケガをしなくなる

まず、ストレッチをすると筋肉の緊張がゆるみ、血管もゆるんで広がる。すると、血液を送りだす「ポンプ作用」が活性化する。血流がよくなるということは、健康になることに直結する。リンパ液のめぐりもスムーズになるので、「体が扱いやすくなる」。関節への負担も減るので、「ケガをしなくなる」「ケガをしても回復が早くなる」など、いいことばかりだ。

★疲労物質がたまらない⬇疲れない

血液がサラサラ流れれば、酸素や栄養素が全身に行き渡りやすくなり、疲労物質の乳酸もたまりづらくなる。つまり、知らぬまに「疲れない体」になっていく。

★本当に！　血管、筋肉が若返る

国立健康・栄養研究所の調査によると、半年間**ストレッチを続けた人たちの血管年齢は、実験前より10歳も若返った**という。血管の壁そのものが新しくなったというのだ。筋肉も同様に若返らせることができる。

では、ストレッチをしないで、いきなり体幹トレーニングに入ってしまったら？

血流が悪くて疲れやすくなるし、筋肉がかたいままだと、可動域が狭められ、体の一部だけに負担がかかってしまう。

そして、ちょっと体をひねったとたんに腰を痛めるなど、スポーツ障害にみまわれやすくなるだろう。また、無理な動きをして、よけいにかたい筋肉をつくってしまうことにもなりかねない。だから、兎《と》にも角《かく》にもまずはストレッチ！　なのだ。

◎一生太らないダイエットができる

「ストレッチ＋体幹トレーニング」からなる「KOBA式・体幹トレーニング」は、やせて美しくなりたい女性たちにも、イチオシのおすすめダイエット法だ。

まず、〝ダイエット〟のカギとなるのが、**「筋肉」**と**「基礎代謝」**。

成人男性だと、ただ家の中でごろごろ寝ているだけでも、生命維持のために、一日あたり1500キロカロリー前後が「基礎代謝量」として消費されている。

女性の場合は約1200キロカロリー。

「基礎代謝量」は、筋肉の量に比例するため、体幹トレで筋肉をつければ、基礎代謝もあがる。そう、**「同じだけ食べても、太りにくくなる」**のだ。

しかも、事前にストレッチをすると脂肪燃焼効果が高まり、ますますやせやすくなる。

そしてまた、プロポーションが見違えるほど美しく改善する。なぜなら、柔軟性が高ければ、軸が中心に戻りやすくなり、**骨盤の位置もきちんと矯正される**からだ。

もちろん、体幹トレには、食事制限のようなつらさも、体を壊すリスクもない。

◎〝勝てるカラダ〟の共通点

次のページのMRI写真に注目。

これは、「KOBA式・体幹トレーニング」で、肉体改造をしたトップアスリートのもの。つまり、ほうっておいても体脂肪がよく燃える体、基礎代謝量が多い「やせやすい体」のお手本だ。

決め手は、なんといっても「筋肉のつき方」と「筋肉量」のバランスのよさ。

一流選手の一番の共通項は、インナーマッスルの「大腰筋」がよく発達している

ことだ。大腰筋は、みぞおちから太ももを連結する重要な筋肉（22ページ参照）。ここが発達していると、背筋がスーッと伸びて、軸を固定しやすくなる。

さらに、軸の安定に深くかかわる脊柱起立筋、おなかをコルセットのように包む腹横筋、おなかの前面にある腹直筋（それぞれ23、22、21ページ参照）などのバランスもよければ、〝使える体幹〟としての条件がそろう。

肥満ぎみの人の体をMRI映像で見ると、内臓脂肪がとても多く、腹直筋がフニャフニャの状態。そのため、軸がブレて姿勢も悪くなる。

大相撲の力士の場合、皮下脂肪は多くても、内臓脂肪はそれほど多くはない。見た目は太っていても、中身はしっかりしまっているから、体幹そのものは安定した状態をキープできるのだ。

某トップアスリートのリアル筋肉画像

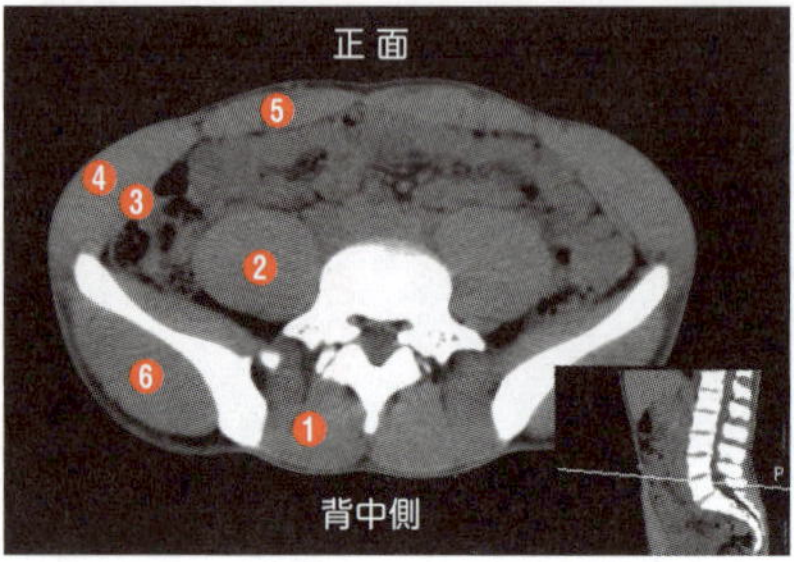

❶脊柱起立筋
❷大腰筋
❸腹横筋
❹腹斜筋
❺腹直筋
❻大臀筋

◎体幹にスイッチを入れるために！

体幹力のすごさがわかれば、一刻も早く獲得したいと思うだろう。**そのもっとも効率的な方法は、日々スイッチをおしつづけることだ。**つまり、ごくカンタンな体操から基礎をつくっていくと、日に日に力がついていって、自然とハイレベルなものに挑戦できる体に変わる。

体幹を構成する筋肉は、体の前にも横にも、背中にもある。**前後左右、一周グルリと刺激することで、はじめてスイッチが入る。たとえば、10年後の体を若々しく保つには、全身のストレッチと、最低2、3種類の体幹トレーニングをするといい。**日々これらを継続するだけで、いくらでも高みに登っていくことができるのは、間違いない。

体は、必ず応えてくれる。半年も続けていると、あなたの体に太い樹木のような安定感としなやかさが備わる。キック、ジャンプ、スイング、シュート……何をしても面白いほどハッキリと違いを実感できるだろう。

◎トレーニングも勉強も〝面白いほど「続く！」技術〟

体幹トレーニングに限らず、どんなトレーニングも継続する秘訣として、私がよくお伝えするのは、「目標（ゴール）をつくる」ということだ。

いきなり高い目標を設定しなくても、まずは短期で達成できるカンタンな目標設定でかまわない。当面の目標を**「おなかを2センチ凹ます」**としたら、それが達成できた段階で次の目標を設定しよう。たとえばこんなふうに。

「もう2センチ凹ませて、いつまでもカッコいい男でいる」

↓「モテまくって看板営業マンになる」

↓「年収○○アップ」

このように、次の大きな目標、そしてその次のもっと大きな目標……とつなげていけば、よりスムーズに大きなゴールに向かって走り続けられるようになる。しかも、自分が変わる過程を楽しみながら。

Chapter 2

2分でわかる「体幹力」チェック

——意外と知らない自分の体！

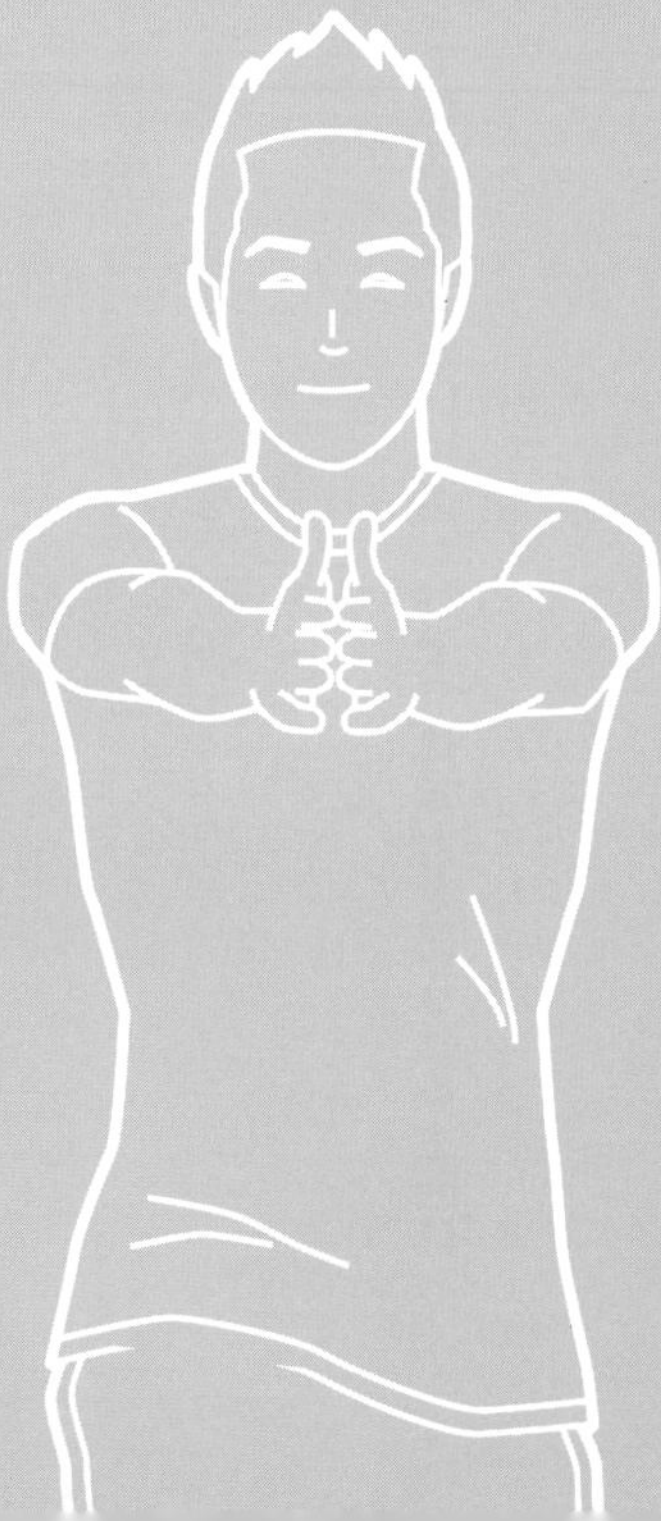

◎「それ」は体幹からのSOS

「ふ――っ、疲れた」

「肩こった！　腰が痛っ！」

最近、そんなつぶやきや、ため息が増えていないだろうか？　それは体幹からのSOS。今のライフスタイルをさっそく見直す必要があるだろう。

・職場では、ほとんどパソコンの前でデスクワークをしている。
・仕事に忙殺され、運動する機会がめっきり減った。
・歩くのが「めんどう」だと感じ、移動はできるだけ乗り物を使う。

もし思い当たることがあれば、あなたの体幹はすでにおとろえに向かっているといっていい。**その「たいして体を動かさない生活」こそ、体幹力を弱らせる主因にほかならない。**動きの少ない生活パターンが日常的に続くと、筋力、体力、そして精神力までがおとろえに向かい、生き生きと行動できなくなっていく。

そして、なぜかいつも疲れた体、だらだらと疲れが抜けない体になってしまう。

◎こんな人は、ある日突然、思い知らされる！

「学生時代に運動をしていたから、筋肉の貯金があるさ。まだ20代だし」

「オヤジといっても、まだ30代だ」

その考えは、甘すぎるといっていい。


20代であれ、30代であれ、**使わなければ筋肉の貯金はどんどん減っていくし、25歳をすぎた頃から筋肉の柔軟性は失われはじめ、かたくなっていく**。筋肉と密接な関係にある「骨」もダメージを受け、体軸が根本からくずれていく。

やがて「まだまだ他人事」と思っていた加齢現象に、いきなり襲われるのだ！

ある日、荷物を持ちあげたとたん、腰をグギッ。

趣味のサッカーやゴルフで腰をひねった瞬間、ズキンと痛みが走る。

子供の運動会で走りだしたとたん、足がもつれてステン……！

「まさか」の事態に、はじめて「わが身のおとろえ」に気づくわけだ。

昨今、若い世代でも増えている腰痛、ぎっくり腰、椎間板ヘルニアなども、体幹力の低下から起こりやすくなる症状にほかならない。

◎ザックリ日常生活でチェック！

「体幹力のおとろえ」は、46ページからのカンタンな運動テストですぐにわかるが、日常生活の中のちょっとした動作や感覚からも、大まかに知ることができる。

さっそく、あなたの体幹がどのくらい弱っているのか、それともまだ十分に維持できているのか、自己診断してみよう。

該当する項目にチェックを入れ、トータルの数をだせば、結果はすぐわかる。


日常感覚で、体幹のおとろえをチェック！

□なんだか、疲れやすくなった。疲れがぬけなくなった
□階段よりエスカレーターをよく使う

□最近、太りやすくなり、おなかもでてきた
□車に乗る動作が窮屈に感じる。スムーズにできない
□電車で急ブレーキがかかると、すぐよろける。発車しただけで体がグラつく
□階段をかけあがると、すぐ息があがってしまう
□雪道ですべりやすい
□姿勢の悪さに気づいて、ギョッとしたことがある
□（映画を観《み》ているときなど）長時間座り続けるのがつらく、何度も姿勢を変える
□その場にしゃがむのがつらい
□くしゃみをしたとき、腰がズキンとすることがある
□腰をそらすと、なんとなく重く、違和感を覚える
□肩のまわりがいつも重い
□立って靴下を履《は》くときに、よろけたことがある
□おしりやおなかなど、体が全体にタレてきた感じ……

これら15のチェック項目のうち、該当するものが9つ以上あれば、すでに赤信号点灯。あなたの体幹は間違いなくおとろえている。

2～8つの項目にチェックが入った人も、要注意。おとろえはじめており油断はできない。体幹をささえる筋肉は年齢とともに弱っていくため、早い段階から意識的に鍛えていく必要があるのだ。

◎体幹を弱らせる生活をしていないか?

同じ40歳のビジネスパーソンでも、体幹を鍛えてきた人とこなかった人では、筋肉と骨格の年齢差が驚くほど開いてしまっている。しかも、脅かすつもりはないが、**年を重ねるほど、その差はますます拡大していく。**

もちろん、私たちは、誰もが日常生活の中で体幹を使っている。

ただ単に、立つ、座るといった動作だけでも体幹を使うし、物を「よいしょ」と持ちあげるとき、誰かに呼ばれて「何?」と振り向く瞬間も、体幹を動かしている。

ただし、この程度の動作は、単に「体幹を使った」にすぎない。背骨や骨盤のまわりの体幹は、ふだんの生活の中では刺激しづらいため、意識して動かさないと、だんだん、かたく縮まっていく。しかも、筋肉は、疲労やストレスが蓄積するほど縮んでかたくなる性質があるため、**多忙なビジネスパーソンは、常に筋力の低下、つまり「体幹力低下」の危機にさらされている。**

だから、トレーニングなのだ！

たいして動かない生活に甘んじていたら、やがて筋肉や関節が弱り、体の軸がブレていくことは必然だ。**そして、次のような〝残念な現象〟がではじめる。**

★体幹が弱って「でっちり」になる

姿勢の悪さは、ずばり、体幹のおとろえをあらわすサイン。スーッと伸びた背筋を維持する「脊柱起立筋」や、股関節の屈曲をささえる「腸腰筋」が、かなり弱っている。

でっちりタイプの場合、背中から腰につながる筋肉がかたくなり、骨盤が前に傾いて、背中が丸まる。体の要《かなめ》の骨盤が傾いているから、ドミノ倒しのように全体

のバランスがくずれて、ふくらはぎの後ろ、そしてヒザの前面に、大きな負担がかかってしまう。

また、ねこ背タイプも、腰まわりやおなかのインナーマッスルがかたくなり、体が前方に引っぱられた状態。

★体幹が弱って「太っているわけじゃないのに、下腹がでる」

これぞ、「体幹力のおとろえ現象」！

おなか周辺の筋肉のベルトがゆるんでいるから、腹がぽっこりでてしまうのだ。そうなれば、周辺の動脈が圧迫されて、血行不良に陥っていく。すると、腸の働きが悪くなって便秘しやすくなる、冷え症になる、代謝が悪くなって太りやすくなるなど、悪循環が止まらなくなってしまう。

このほか、体幹が弱ると、「くしゃみ」をした瞬間、ぎっくり腰になったり、メンタル面が弱くなって「心が折れやすく」なったりするなど、**体も心も、さえないオヤジになっていく**。

だが、ここで、「よし、鍛えよう！」という気持ちがわいてきたなら、幸いだ。

今からはじめても遅すぎることはない。

◎あなたの今の「体幹力」は？　2分でわかるテスト

では、さっそく、次のカンタンな7つのテストで体を動かしながら、あなたの体幹の状態を診断してみよう。

「あれっ、開脚したら90度も開かない！」
「前屈が、思った以上にしんどい……」
「動くとき、おなかの脂肪がすごく邪魔！」

などと、自覚することが、とにかく大事。

体幹のおとろえを肌で感じれば、やる気にボンボン火がつくというものだ。

体のどの部分が弱っているのか？　柔軟性をチェックするだけで、「体幹のおとろえ」がズバリわかる。バランスの悪いところを知っておけば、トレーニング・メニューを選ぶときの目安になる。さあ、ガツンと自分の体と向き合おう！

テスト①

背中〜腰の柔軟性がわかる

前屈したとき、指先が床につくか、つかないか？

前屈は、立っても座ってもできるが、まずは「立ち姿勢」でカンタンにチェックしてみよう。

1 **ヒザを伸ばして、まっすぐ立つ。**
両足のかかとはつけ、足先は少し開きぎみに。

2 **両手を前に伸ばし、上体をゆっくり前に倒しながら指先をさげていく。どこまでさげられるか？**

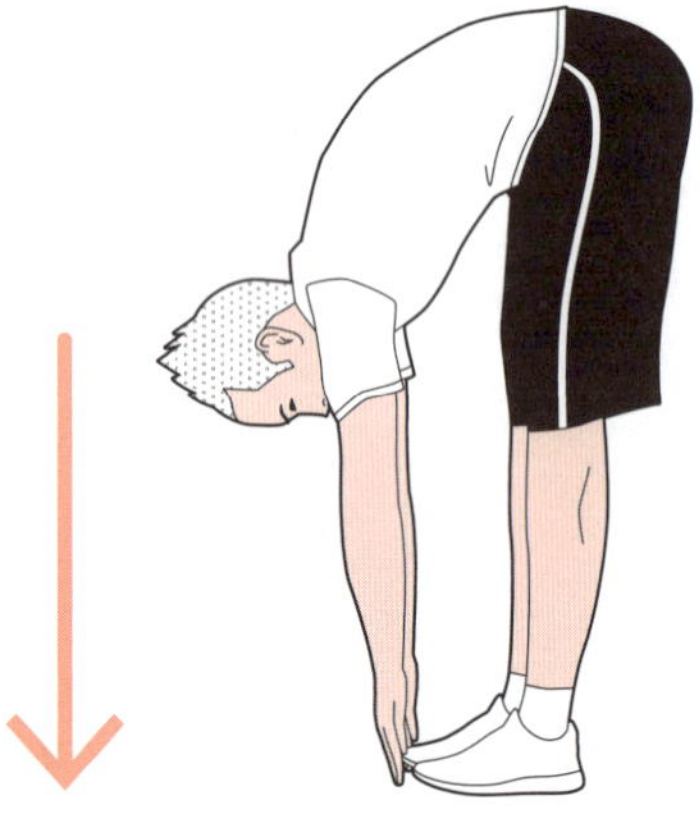

前屈して指先が床につけば、まずまずの柔らかさ。手のひら全体がペタッと床につけば理想的。

スムーズにできない人、指先がまったく床につかない人は体がかたく、柔軟性がおとろえている。今は大丈夫でも、将来、腰痛になりやすい。

腰を痛めている人、立ち姿勢だとやりづらい人には、下図のように「床に座ってやる前屈」がおすすめだ。

ヒザを伸ばして座り、指先を前におしだしながら上体を倒していくと、腰への負担が軽くなる。この場合、手のひらで足の裏がタッチできたら、柔軟性は十分と判断できる。

1 **ヒザを伸ばして床に座る。**

2 **指先を前におしだすようにして上体を前にゆっくり倒していく。**

ヒザが曲がらないよう注意しながら、指先がどれくらい前にいくかチェック。

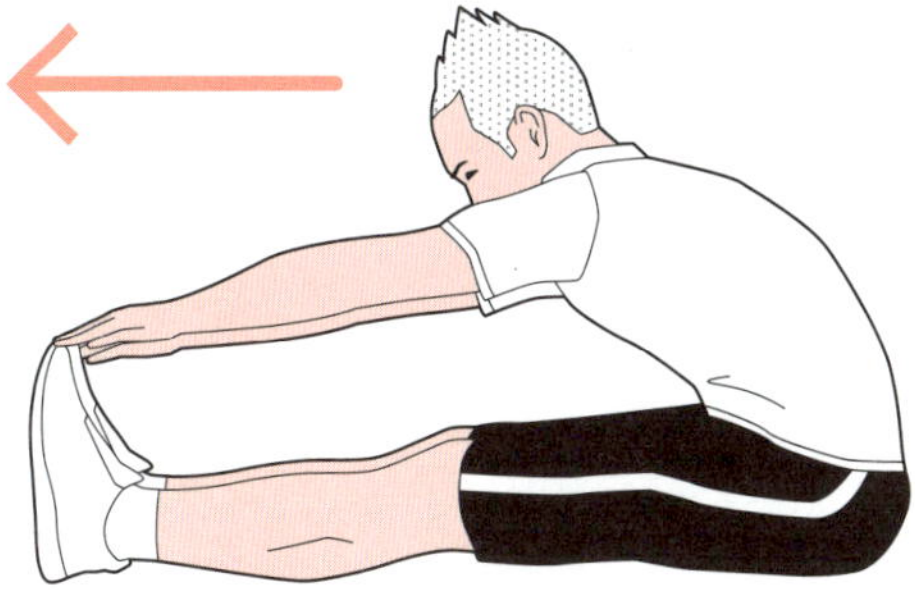

テスト

②

股関節のかたさ、腹筋の強度がわかる

足裏を合わせて、つま先を持てるか、やりづらいか?

このテストは、さほど難しくはない。7割の人は、アッサリこなせるだろう。ただし、股関節がかたい人、腹筋が弱い人は、つま先を上体に近づけようとすると、グラついたり、ヒザが床からかなり浮きあがったりしてしまう。

「上体をまっすぐ伸ばしたまま、キープできるかどうか」が、見極めのポイントだ。

1

背筋をまっすぐ伸ばし、
ヒザを伸ばして座る。

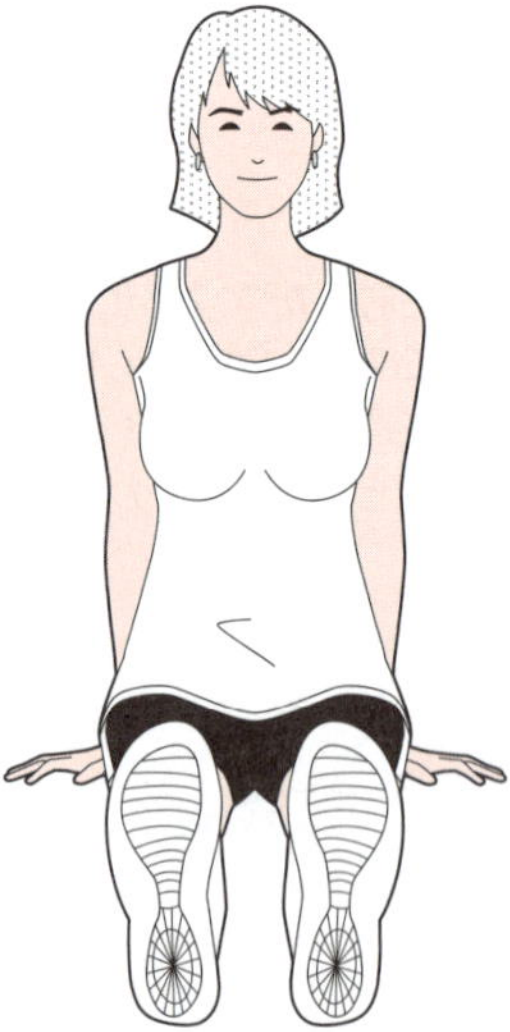

2

両ヒザを曲げ、両足裏をピッタリ合わせる。

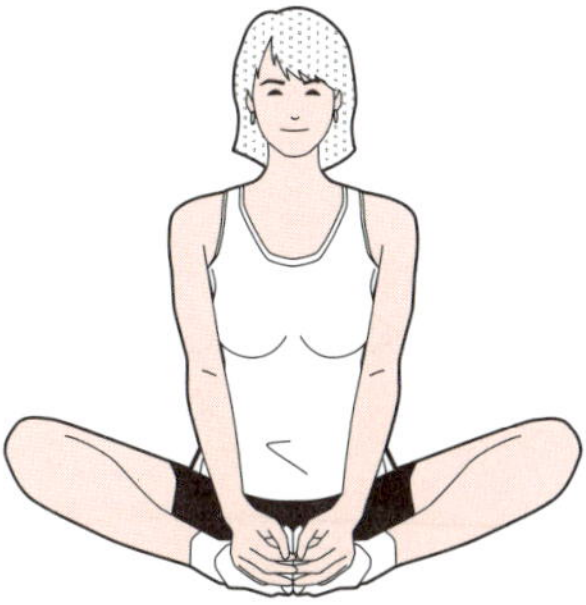

3

両足のつま先を両手で抱えるように持ち、そのまま上体に近づける。

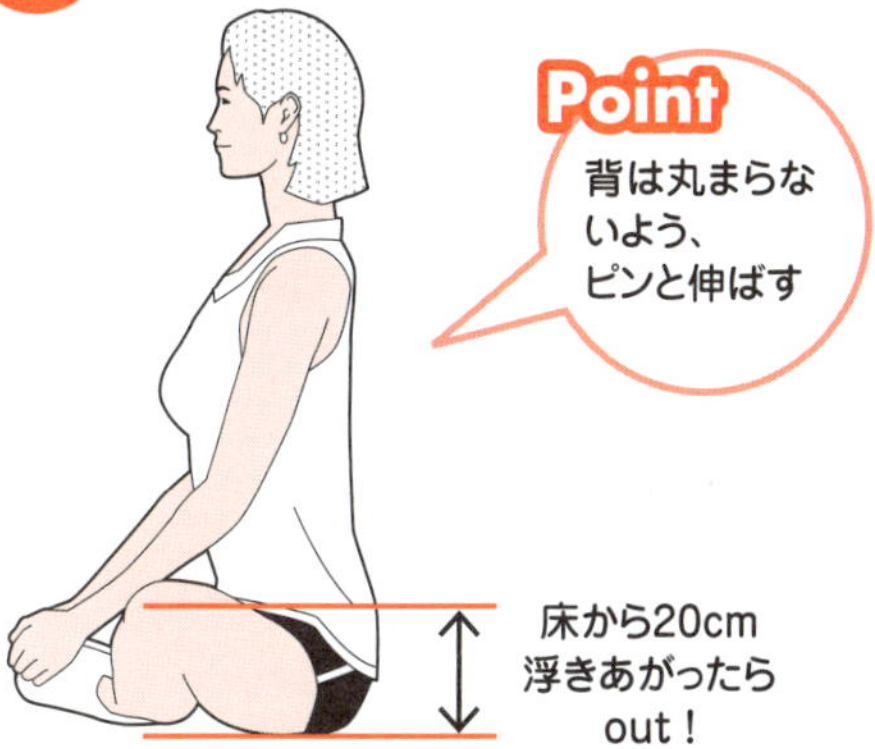
Point
背は丸まらないよう、ピンと伸ばす
床から20cm浮きあがったらout！

「上体をまっすぐキープしたまま**3**の姿勢がとりづらい人」や、「つま先をラクに持てない人」「ヒザが床から20センチ以上浮きあがってしまう人」は、股関節と内ももの内転筋がかたく、腹筋も弱っている。
また、「後ろに倒れそうになる人」は、将来的に腰痛になりやすいタイプだ。

テスト

③

内転筋・股関節のかたさがわかる

開脚で、どれくらい広げられるか?

「開脚」のポーズで、「股関節の左右の柔軟性」が一目でわかる。ここでは左右にどれだけ開くか、角度をチェック。90度も開かなければ、ももの内転筋や股関節が、かなりかたくなっている。子供の運動会ではりきって走りだしたものの、よろけて転倒……なんてことになりかねない。

1

背筋と脚を
まっすぐ伸ばして座る。

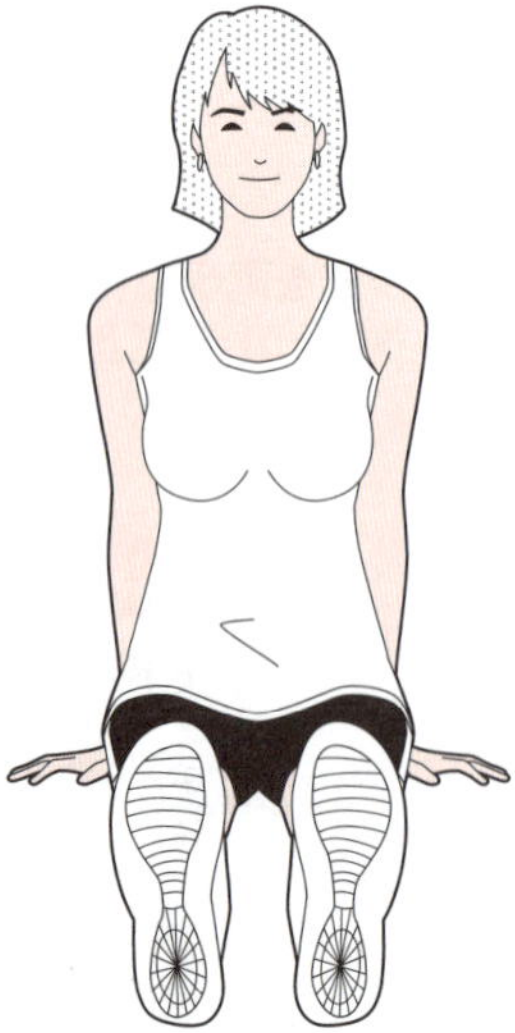

2 背筋を伸ばしたまま、脚をできるところまで大きく開いていく。

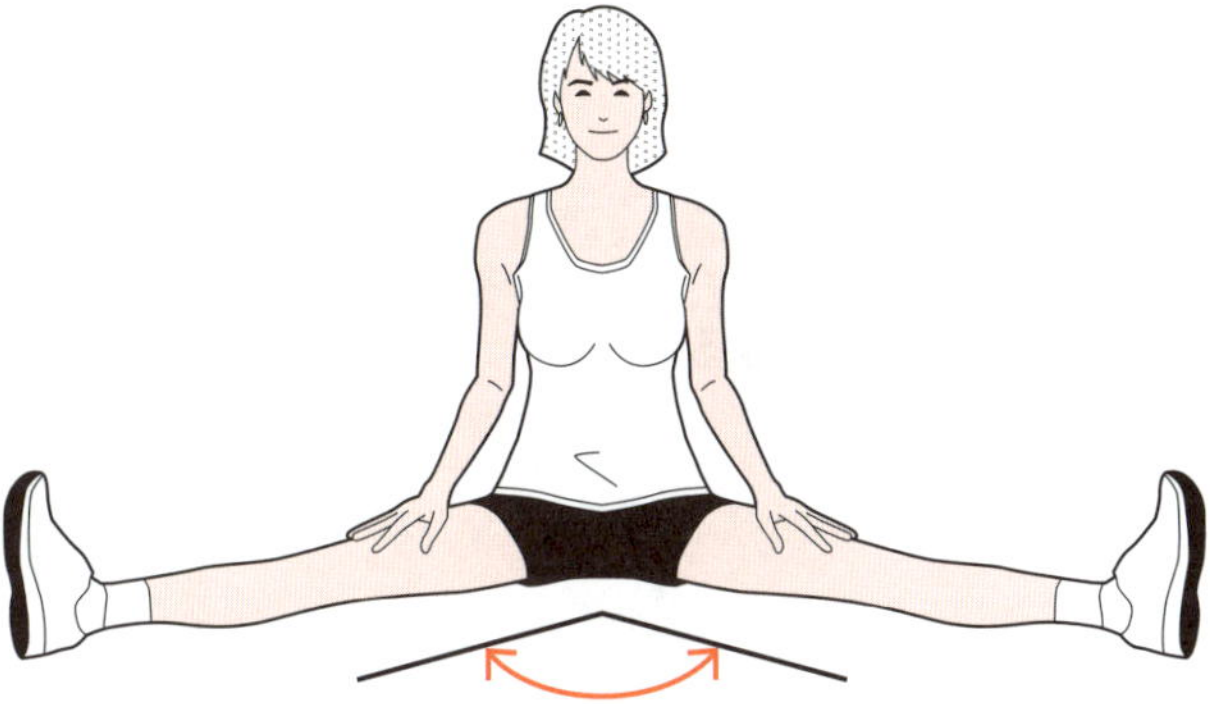

開く角度が90度以下なら、危険ゾーン。

90~100度なら普通レベル。

100度以上開けば、柔軟性は良好のレベル。

160度まで開けばベスト！

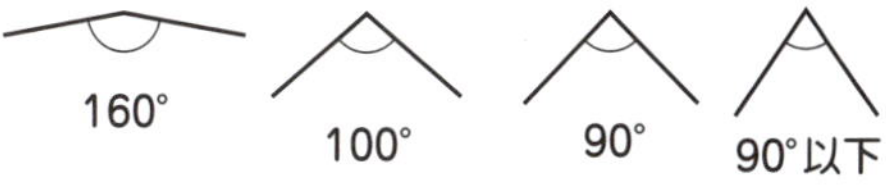

危険ゾーンの人は、ただ走るだけでも、ケガをしやすいので注意。スポーツをするには、最低限90度以上は開くようにしておきたい。

テスト④

股関節周辺のかたさがわかる

ヒザの引き寄せがラクにできるか、できないか?

次は、股関節の「前後の柔軟性」をチェックしよう。

1 仰向けに寝て、頭、背中、腰、骨盤を、床にピッタリおしつける。

2 片ほうのヒザを両手で抱えるようにして、胸にできるだけ近づけていく。

もう一方の脚のつま先は、
ピンと伸ばしておく。

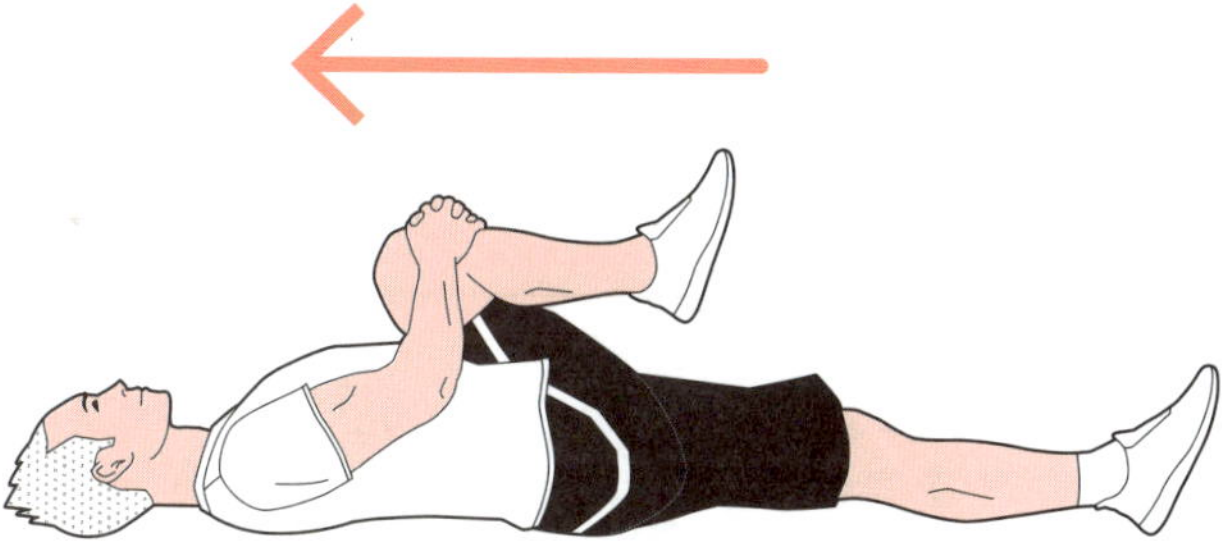

チェックポイントは2つ。

①ヒザが胸につくかどうか？

②ふくらはぎと内ももがくっつくまで曲げられるかどうか？

両方できたら、柔軟性は高いほう。

「引き寄せようとしてもヒザが胸につかない人」や、「ふくらはぎと内ももの間が開いてしまう人」は、股関節周辺がかたくなっていると判断できる。

テスト
⑤

腹筋の持久力がわかる

ヒザに腕をのせて30秒キープできるか？

ヒザにのせた腕をまっすぐ伸ばしたまま、上半身がブレないようにキープするテスト。ここで必要なのが腹筋の持久力だ。腹筋が弱っていると、途中で疲れてしまい、やりづらさを感じる。姿勢をくずさずに30秒持ちこたえられたら、次のステップ「ヒザ上で手を前後にすべらせる動作」を、30秒連続してやってみよう。

1

ヒザを曲げて座り、ヒザ上に腕をまっすぐのせて伸ばす。

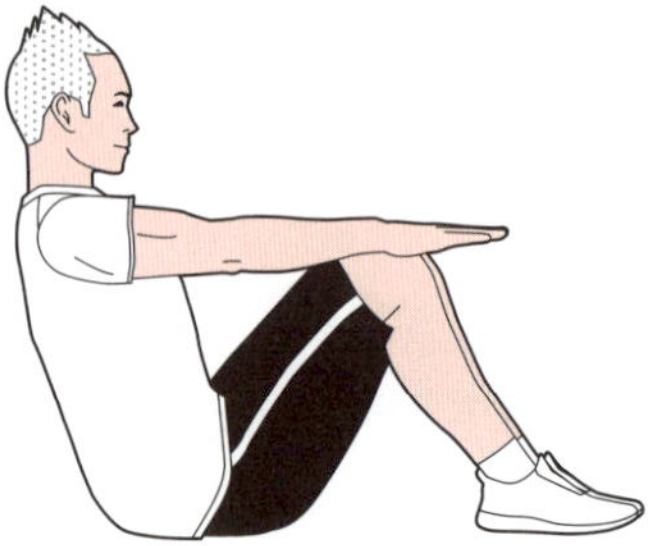

2

腕をまっすぐ伸ばしたまま、30秒キープ。

上半身がブレないように注意。

3 2がクリアできた人は、手のひらをヒザ上で30秒間連続して、前後にすべらせてみる。

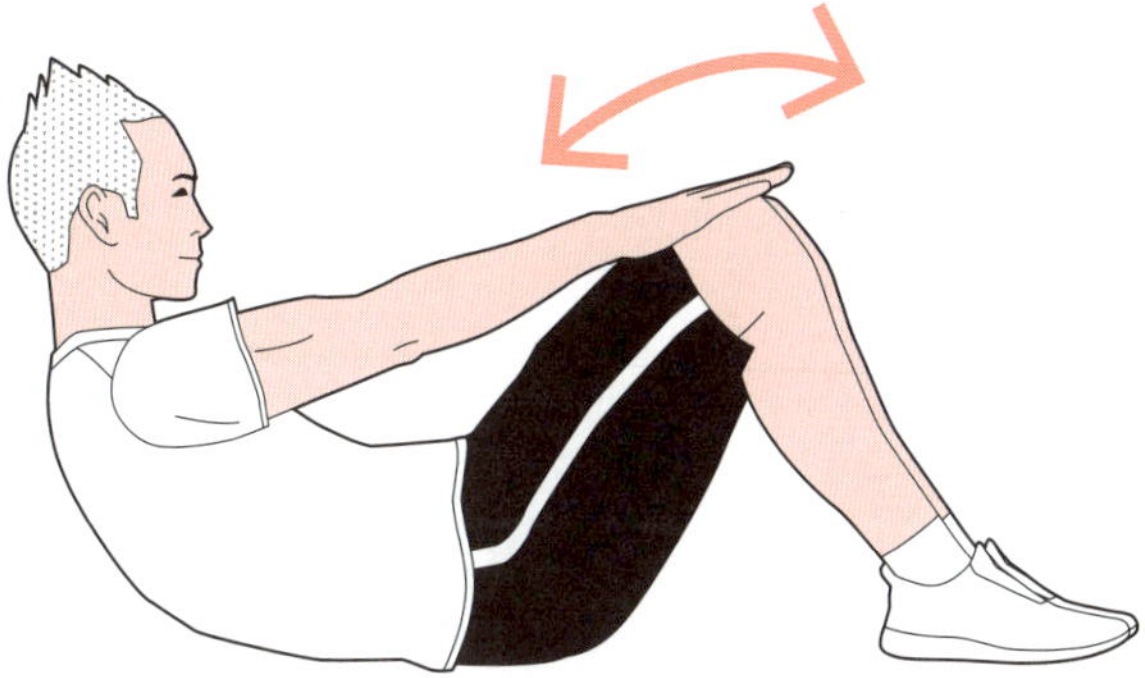

「2と3、両方の動作がカンタンにできた人」は、腹筋の持久力は強いほう。

「2の動作（ヒザ上に腕をのせて30秒キープ）はできたが、3のヒザ上で手のひらを30秒連続ですべらせるのがきつい人」は、もう少し腹筋力がほしい。

「2がきつくて3には進めなかった人」あるいは、「おなかの脂肪が邪魔だった人」は、腹筋がかなり弱っていて、腰痛などの故障にみまわれるリスクが高い。

「おなかが邪魔に感じた人」は、あとで紹介する「レベル1」の体幹トレーニングで、無駄な脂肪を燃焼させよう。おなかが凹めば、この動作もラクにできるようになる。

テスト
⑥

背中（肩甲骨）の柔軟性がわかる

この2つの動作が、スムーズにできるか？

肩甲骨まわりの動きを、次の2つの方法でチェック。バランスのいい姿勢を保つうえでも、体幹トレの効果を高めるうえでも、肩甲骨の柔軟性は重要なポイント。肩を柔らかくして、肩甲骨まわりにある「褐色脂肪細胞」を刺激すると、脂肪を燃焼しやすい体に変わる。

チェック① 腕をどこまで後ろに持っていけるか

1

直立して、両腕を肩の高さで真横に広げる。
手のひらは正面に向ける。

2 腕を真横に持ちあげたまま、できるところまで、後ろに動かしてみる。

腕が後ろにいけばいくほど、肩甲骨まわりの柔軟性が高い。真横よりも30センチ以上後方に動かせたら、理想的。水泳選手などの場合、50～60センチ動かせるケースも珍しくない。

1 背中の上と下から手をまわし、両手を組んでみる。

チェック② 背中で手をラクに組めるか

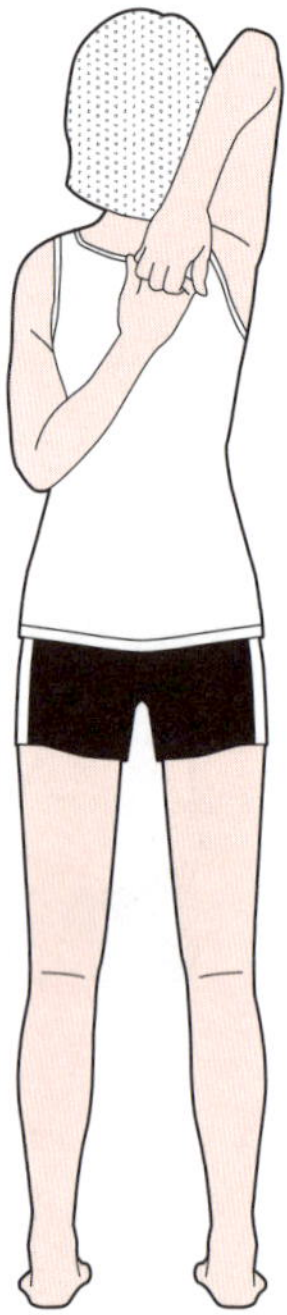

無理なく手を組めれば合格ライン。
手が届かなくて組めなければ、肩甲骨まわりがかたくなっている証拠。

2 手を逆にして、反対側のかたさもチェック。

テスト
⑦

姿勢のバランスがわかる

ヒザを抱えて、10秒ブレずに立っていられるか?

「美しい姿勢」の維持に欠かせないのが、「1頭・首・肩をささえる筋肉」「2胸のまわりの筋肉」「3背中から腰につながる筋肉」「4骨盤から股関節のまわりの筋肉」の4カ所。このテストで、4カ所のバランスがわかる。

1 まっすぐ立って片ほうの脚を持ちあげ、両手でヒザを抱える。

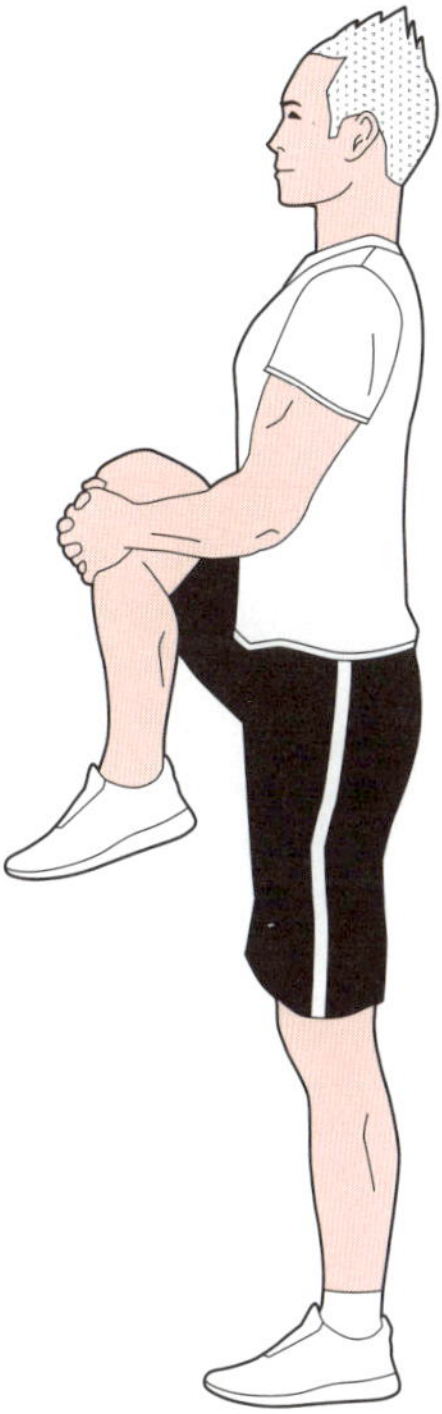

2 そのまま10秒間キープ。

片ほうのヒザを抱えたまま、よろめかずに立っていられたら、４カ所の筋肉のバランスはＯＫ。

体がブレたり、背中が丸まったりする人は、筋力にバラつきがあり、背中や股関節まわりがかたくなっている。筋力がないと、姿勢を保とうとしても、くずれてしまう。１００ページからのトレーニングで、しっかり強化しておこう。

以上、7つのテストを覚えておいて、今後もときどきチェックを。体幹トレーニングを続けていると、この7つの動作が以前よりスムーズにできるようになり、継続の励みになるだろう。

◎超重要！ すべては、この「ドローイン」のマスターから！

体幹トレーニングのはじめの一歩として、まず覚えて実践していただきたいのが、「ドローイン」というメニュー。

「ドローイン」とは、一言でいうと、呼吸をしながら「腹を凹ませる」だけのごくカンタンなエクササイズだ。だがこれが**すべての体幹トレの基本**となる。

しかも、その効果は絶大で、たくさんのメリットがつまっている。日常的にやっていると、脳も活性化し、判断力や集中力が増して必ず仕事力もアップする。

そして重要なのは、**ドローインをしながら、各パーツを鍛える体幹トレをすれば、その効果が何倍にもあがることだ**。

そのほかの具体的なメリットは、次のとおり。

★ドローインのメリットは、こんなにたくさん！

・腹横筋、横隔膜、骨盤基底筋群など、腹圧を高める筋肉を一度に活性化できる
・ウエストが細くなる、くびれができる
・腸の動きが活発化して便秘も解消
・腰痛が改善される（背骨のゆがみ改善され、血行がよくなるため）
・あらゆる動作が、ブレなくなる
・おなかの内側から脂肪が燃えやすい体に変わる
・血流がよくなり、冷え症、肩こりなどが改善

さて、本書では2パターンのドローインのやり方をご紹介しよう。

ひとつめは、基本となる、**立ってやる「ドローイン1」**。

2つめは、**仰向けに寝てやる「ドローイン2」**。

鼻から息を吸っておなかをふくらませ、口から息を吐きながらおなかを凹ませるという点は、ドローイン1も2も同じ。ただ、仰向けに寝てやるほうが、腹筋の動きがわかりやすく、効果を実感しやすい。

次の手順でやってみよう。

ドローイン1

立ったままおなかを凹ませる。

1

背筋を伸ばして立ち、おしりの穴を内側にギュッとしめる。
足は腰幅に開く。そのまま鼻からゆっくり息を吸い、
おなかをグーッとふくらませる。

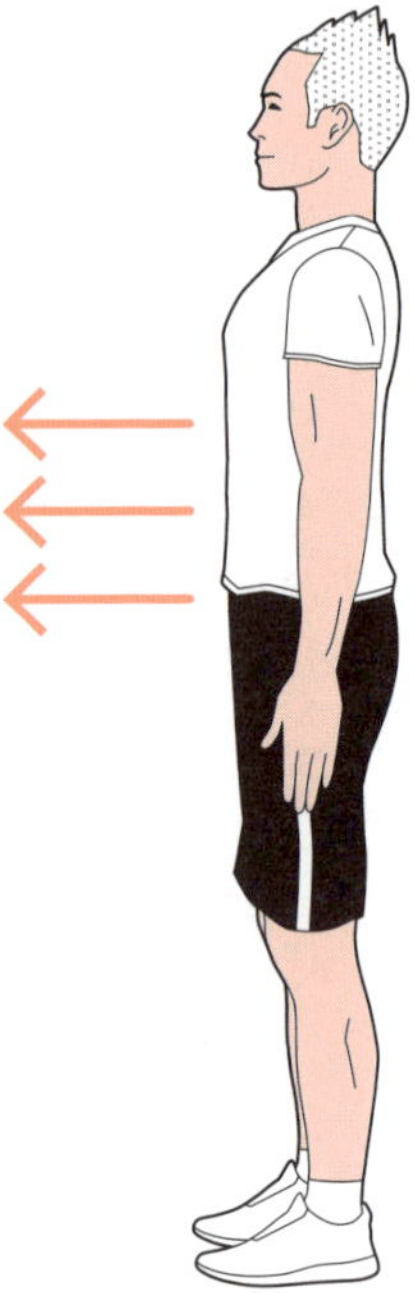

2

口で細く息を吐きながら、おへそを中心におなかを凹ませていく。

おなかの中の空気をすべて、だしきるイメージで。

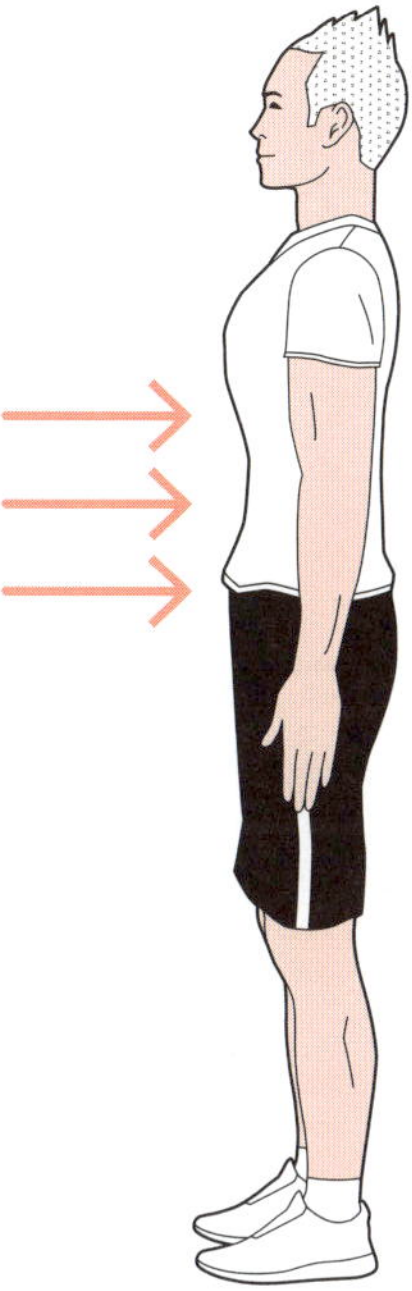

呼吸の目安

5秒で吸って、
5秒で吐く

ここに効く！

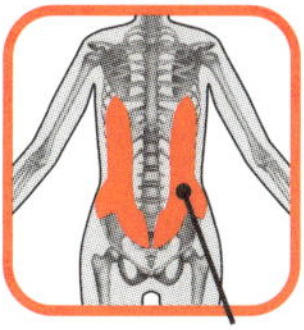

ここに効く！

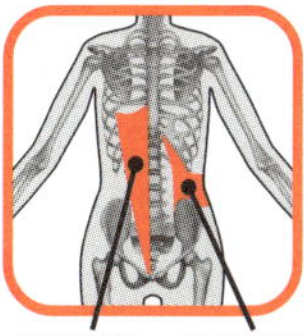

★ドローインをうまくやるポイント

・おへそを内側に「引きこむ」イメージで、おなかの筋肉を中心に集める。
・おなかと背中をくっつけるくらいの感覚で凹ませる。
・息を吸ったときにゆるめ、吐くときに力を入れる。

ドローインが〝うまくできたかどうかを判断する決め手〟は、おなかを凹ませたときの**「横腹の筋肉のかたさ」**。おなかの横をかためることができれば、前と後ろの筋肉までかためられるのだ。

「おなかを凹ませる、かためる」とは、おなかの前、横、後ろまでグルリと一周する筋肉を、背骨に向かって寄せ集めてグーッと縮ませること。

ここまでやってみても感覚がよくつかめない人や初心者は、次の「ドローイン2」で、おなかの筋肉の動きを、より深く感じてみるといい。仰向けでドローインをすると、おなかが凹む感覚が体でわかる。

はじめのうちは、両手をおなかにのせてやれば、腹筋の動きがさらによくわかる。

ドローイン2

仰向けで腹筋の動きを確かめながら。

1 仰向けに寝て脚を腰幅に開き、
ヒザを立てる。そのまま、
鼻からゆっくり息を吸って、
おなかをグーッとふくらませる。

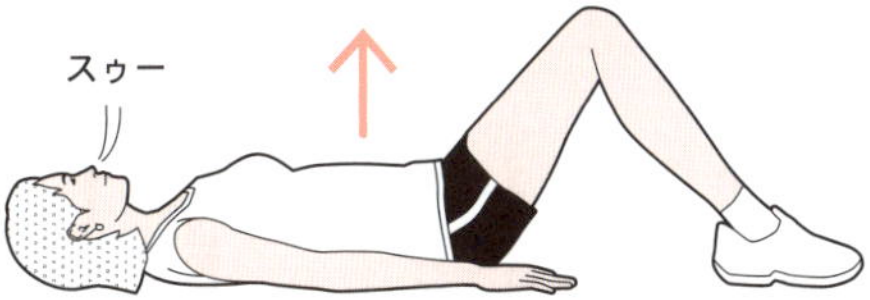

2 **口で細く息を吐きながら、おへそを**
中心に、おなかを凹ませていく。
おなかの中の空気をすべて、
だしきるイメージで。

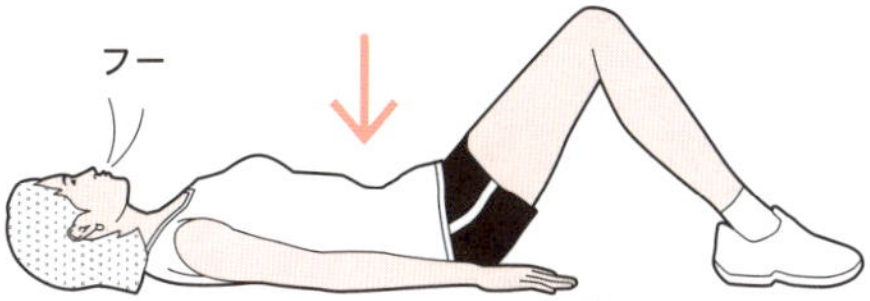

Point
おなかを凹ませながら骨盤を床におしつけると、腰骨がまっすぐになり、横腹がかたまる感じをつかみやすい

呼吸の目安
5秒で吸って5秒で吐く

◎「信号待ちの10秒」も、黄金のトレーニングタイムに変える技術

日本古来の武道の世界では、もともと「体の中心」を整えることが重視されていた。へその下の「丹田《たんでん》」に力をこめることで、体の軸が安定し、手足の先の動きまで力強くなることが、昔から知られていたのだ。

ドローインも、まさしく「腹に力をこめる」動作。しかも日常生活の中でも無理なくできる。たとえば、「信号待ちの間」「電車の中」「歩きながら」「デスクワーク中」「会議中」などにすれば、その時間を、〝黄金のトレーニングタイム〟に変えられる。しかもドローインには、やりすぎということがない。

もちろん、私自身も、会議中は骨盤を立てて姿勢を整え、ドローイン状態をキープ。ドローインで強化される筋肉のガードルは、何物にも代えがたい財産になる。

Chapter3からご紹介する体幹トレーニングの際にも、常にドローインの状態をキープしていると、より高い効果が期待できる。

Chapter 3

腹を凹ます！
1週間・完全プログラム

——1日5分！ 代謝があがる！ リバウンドしない！

◎1週間で確実に、違いがでる！

次は、いよいよ「7日間プログラム」の実践に移ろう。

全身の柔軟性を高めるための12のストレッチと、1～4までの、レベル別体幹トレーニングのやり方を順番にご紹介していく。

まずは小さなゴールとして「7日間」を目標に、試していただきたい。**1週間もやると、必ず何かしらの変化が体にあらわれる。**

個人差はあるが、これまであまり運動をしなかった方、デスクワーク中心の生活を長く続けていた方ほど、著しい効果を実感できるだろう。

「あっ、歩いたときの体の安定感が違う！」

「すごく体が軽い！」

どんな小さな変化でも、体で実感できると意識が変わり、これまで以上にフォームに気をつけ、筋肉を意識して動かせるようになる。自然と一歩前進できるだろう。

◎はじめる前に、知っておきたい「成功のコツ」

7日間プログラムを成功させ、効果を高めるポイントは以下のとおりだ。

①体幹トレーニングの前に、ストレッチを入念に行う

繰り返しお伝えしてきたとおり、「KOBA式・体幹トレーニング」は、いつもストレッチからはじめる。血行をよくしてからはじめることで、柔らかくバランスのいい体幹をつくることができるのだ。どのレベルのトレーニングを行う際も、事前に「全レベル共通12のストレッチ（80ページ参照）」を行うことが原則。**ストレッチの数を減らしたり、やらなかったりすれば、筋肉がこわばったままのため、疲労が蓄積しやすく、ケガもしやすくなるので注意。**

②鍛えている筋肉を意識しながら動く

今、どの部分の筋肉を鍛えているか、動かしているかを意識しながらやることで、トレーニング効果が、確実に高まる。メニューごとに「効く筋肉」を図示しているので、参考にしてほしい。

③正確なフォームで行う

はじめのうちは、一つひとつの動作をイラストで確認しながら、ていねいに形をつくっていくといい。鏡の前でフォームをチェックしたり、誰かに見てもらったりすれば、より確実だ。自己流でやってしまうと、腰痛などの問題を引き起こす可能性もある。初心者は、回数を少し減らしてもいいので、まずは正確なフォームで行うことに集中してほしい。

④動作はゆっくりと

ゆっくり動かすことで、筋肉の深層部にまで、十分な刺激が届く。勢いをつけたり突然動かしたりすると、思わぬ故障の原因になるので危険。

⑤ウォーキングや入浴後など、血行がよくなったタイミングで行う

筋肉は、温まったときに、もっとも動かしやすくなる。だからトレーニングは、入浴後やウォーキング後にするのがおすすめだ。ただし、中級以上のレベルになると汗がたっぷりでるので、入浴前がいいだろう。まずは数回試してみて、自分に適

したタイミングを見つけよう。

もうひとつ、朝の小さな習慣として、「ストレッチ」と「目覚めのドローイン」をセットで行うと効果的だ。ほんの5分で目覚めがよくなり、集中力もアップ。とくに、大切な会議のある朝などにやると、頭が冴え、いい結果が期待できる。

⑥絨毯やマットの上で行う

フローリング上でじかにトレーニングをすると、すべったり、ヒジをついたときに痛めたりすることがあるので、絨毯やヨガマットの上でするといい。服装は、部屋着でもパジャマでも、動きやすいラフな格好であれば問題なし。

⑦ゴールを明確にして継続する

体幹力を高める絶対の条件は、「継続」。コツコツ続ければ、必ず体は応えてくれる。継続の秘訣は、Chapter1でも触れたとおり、当面の小さな目標をつくることだ。野球をするなら「もっと強いボールを投げたい」。今、故障を抱えているなら「これ以上、腰痛を悪化させない」。

ビジネスなら「営業成績を○○あげる」「年収○○アップ」「資格取得」……のように、できるだけ具体的な目標を掲げる。

身近に目標とする人物がいれば、その人のルックス、仕事力、身だしなみ、人間性に近づくことをゴールにするのもいいだろう。

◎これが「プログラムの進め方」だ！

メニューの組み合わせ方、進め方について、カンタンに説明しておこう。

★誰でも、まずは「ストレッチ＋レベル1」からはじめる

一口に「体幹トレーニング」といっても、80種類以上のメニューがある。本書では、ビジネスパーソンをはじめとした一般の方が、無理なくできるものを中心に、4つのレベルごとに紹介していく。

・**レベル1：初級**。ふだんあまり運動をしない人や、やせたい人向け。体幹の基礎

をつくっていく。

・レベル2：インナーからアウターへ、さらに広範囲で鍛え、骨盤を安定させる。

・レベル3：中級。スポーツをよくする人に最適。インナーとアウターの連動性を高めて、手足の動きにキレをだす。

・レベル4：上級。アスリート向け。トレーニングの最終目標がここだ。

進め方として、**最初の1週間目で、すべての方にやっていただきたいのが、「全レベル共通12のストレッチ」と「レベル1」の体幹トレーニングだ。**

ふだんスポーツをしている人も、必ずこの「レベル1」からはじめてほしい。

基礎をかためてから次のステップに進もう。

★1日2、3種類の体幹トレーニング・メニューを実践する

最初の1週間プログラムの組み方は、**必修の「12ストレッチ」に、「レベル1の体幹トレーニングを2、3種類」、プラスするといい。**

レベル1のメニューは7種類あるが、日替わりで毎日違うメニューを試していけば、全体の筋肉がバランスよく鍛えられる。
以下の組み合わせ例を参考にしてほしい。

◎1週間のプログラム、組み合わせ例

	12のストレッチ（毎日共通）＋レベル1の…
1日め	体幹トレ①、②
2日め	体幹トレ③、④
3日め	体幹トレ⑤、⑥
4日め	体幹トレ⑦、①、②
5日め	体幹トレ③、④、⑤
6日め	体幹トレ⑥、⑦、①
7日め	体幹トレ②、③、④

★自分のレベルに合わせて、あせらずステップアップ。できるだけ毎日やる

初心者は、最初の2、3週めくらいまでは、レベル1を継続し、基礎ができた段階でレベル2に挑戦してみよう。

★筋肉の震えがなくなったら、レベル1⬇レベル2へ

筋力が弱い初心者の場合、トレーニング中に筋肉がプルプルと小刻みに震えたり、体がグラついたりしやすい。

この筋肉の震えや体のグラつきがなくなったら、基礎がだいぶ身についた証拠。レベル2にステップアップする段階に入った合図だ。

★もともとスポーツをしていた人は

体が柔らかく、レベル1がカンタンにこなせる人は、1週間やり終えたら、すぐにレベル2をはじめてかまわない。

ただし、**「レベル1を継続しながらレベル2の種目を新たに加える」**というのが、確実に効果をあげるコツだ。

つまり、**「レベル1を2種目」+「レベル2を4種目」**の**「計6種目」**のようにレベル1と2のメニューを組み合わせていく。

さらに、レベル2がマスターできたら、レベル3の中級も加えていく。その場合も、レベル1とレベル2に、新たにプラスするというのが原則だ。

たとえば、**「レベル1から2種目」＋「レベル2から3種目」＋「レベル3から3種目」、「計8種類」**のように、数を少しずつ増やしていけば、無理がない。

このあたりのプログラムの組み方は、ぜひ楽しみながらやっていただきたい。

アスリート向けのレベル4は、初心者にとっては、はるか遠くの目標に思えるかもしれないが、毎日続けていれば、やがて挑戦できる体に変わる。

決してあせらず、まずは基礎がためをしっかりしよう。

★インデックスを有効に活用する

本書は、目的のトレーニングページがサッと開けるよう、エクササイズのページの左側に、辞書のようなインデックスをつけている。上手に活用し、自分のレベルに合ったページを見て正しいやり方を身につけよう。

◎実践！「全レベル共通12のストレッチ」

首、肩、背中、腰、股関節、太もも、ふくらはぎまで、全身くまなくストレッチできる12のメニューを、ここでしっかり覚えて実践しよう。

ストレッチで、とくに注意したい点は、次のとおり。

- **動作はゆっくり。故障の原因になるので、決して勢いをつけない。**
- **はじめのうちは、イラストをよく見て、正しい姿勢をとることを心がける。**
- **決して無理をせず、痛みがでたらストップする。**
- **呼吸も大事。ストレッチは、普通に呼吸をしながらリラックスした状態で行うこと。**コツとして、「伸ばす」ときに、息を「フーッ」と吐きながらやると、筋肉と関節がよくゆるみ、効果が高まる。途中で呼吸を止めないこと。
- **おなかは、常にドローインの状態をキープ。**

さあ、以下の12のストレッチを行おう。

どのストレッチも、それぞれ1、2セットやるといい。

全レベル共通 12のストレッチ・リスト

詳しいやり方は次ページから説明。

Stretch

7 ももの裏

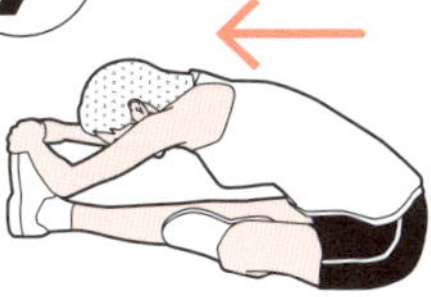

8 ももの内側

9 背中と脇腹

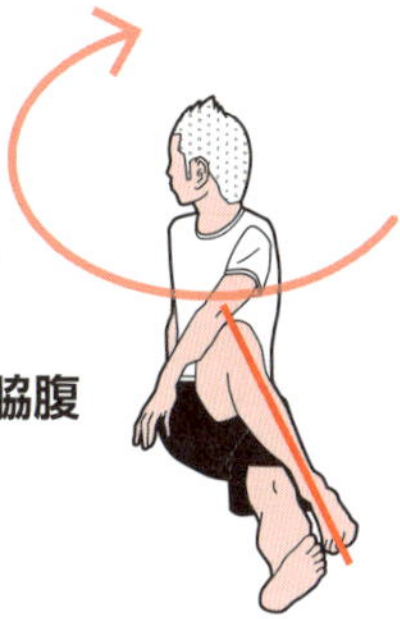

10 ももの前～おなか

11 ふくらはぎ

12 股関節

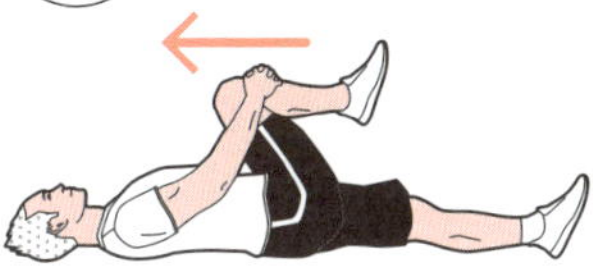

全レベル共通
ストレッチ
①

「首の後ろ」を伸ばす

頭の上げ下げで。

重い頭をささえている首は、いつも重労働を強いられ疲れぎみ。首の後ろをよく伸ばすと、緊張がゆるんでラクになり頭もスッキリする。肩こりや眼精疲労の予防にも。

1 胸をはって姿勢を正し、おなかはドローインで凹ませる。

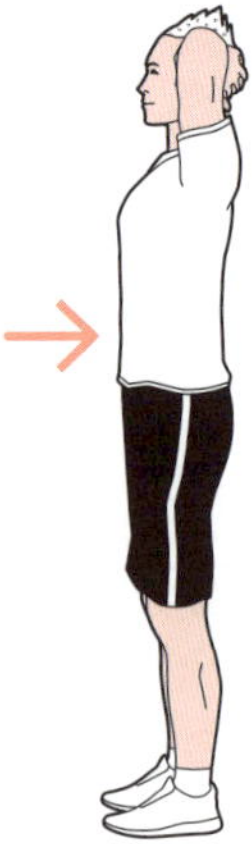

Point
・反動はつけない
・首を傾けすぎない

2 **頭の後ろで手を組み、息を吐きながら頭をさげて、5秒キープ。**
5秒たったら、そのまま力をゆるめてゆっくり頭をあげる。

全レベル共通
ストレッチ
②

「首の横」を伸ばす

背中側で腕を引っぱりながら。

首を倒す動作だけでも、筋肉の緊張がゆるみ、肩こりも気持ちもラクになる。

1

姿勢を正して胸をはり、おなかをドローイン。
背中側で右腕のヒジを曲げ、左手で右手首をつかむ。

Point
骨盤を、床と水平に保つ

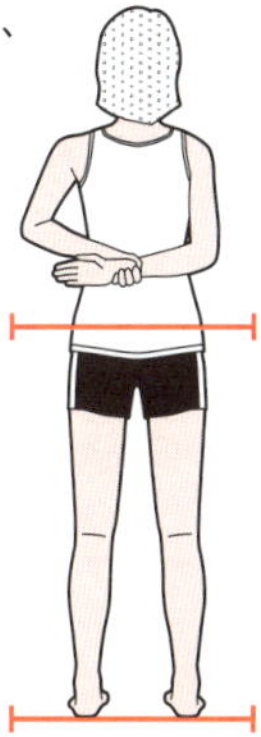

2

左手で右腕を引っぱりながら、腕を引く方向に首を傾ける。
そのまま5秒キープ。反対側の首も同じようにストレッチ。

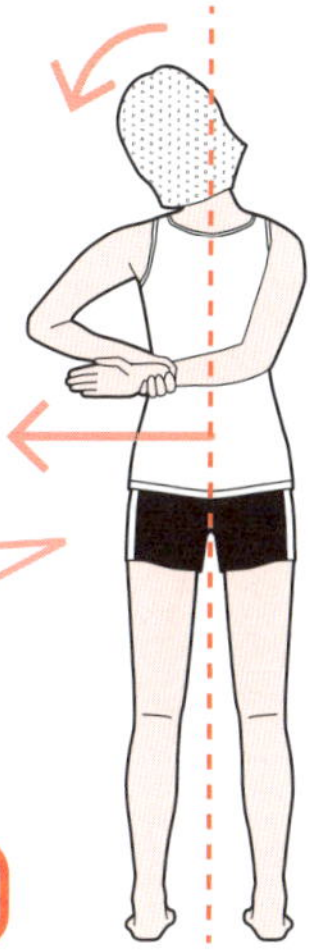

Point
・背中は動かさずに、首だけを真横に倒す

左右5秒ずつ

全レベル共通
ストレッチ
③

「首の後ろ～背中」を伸ばす

両手で輪をつくって。

長時間のデスクワークで、背中や肩がコリコリという人に有効。両腕でつくった輪の中に顔を沈めると、背中が伸びて気持ちいい！

1 姿勢を正して胸をはる。
両腕を伸ばして肩の高さで指を組み、輪をつくる。

Point
左右の肩甲骨の間を広げるイメージで

2 **ヒザを軽く曲げ、両腕の輪の中に顔を伏せる。**
背中の筋肉が上下左右に伸びるのを感じながら5秒間キープ。

Point
・ヒザを曲げて下半身をゆるめると、上半身のストレッチ効果アップ

全レベル共通
ストレッチ
④

「脇腹」を伸ばす

ヒザ立ちポーズで。

背筋をピンと伸ばしたまま、上体を真横に倒そう。前かがみになると、脇が伸びずに効果が半減。両腕でうまくバランスをとると、軸がブレにくくなる。

1

ヒザ立ちで背筋を伸ばし、一方の腕をまっすぐあげる。もう一方の手は腰にそえる。

2

腰に手をそえた側へ、ゆっくり上体を横に倒していく。

そのまま10秒キープ。

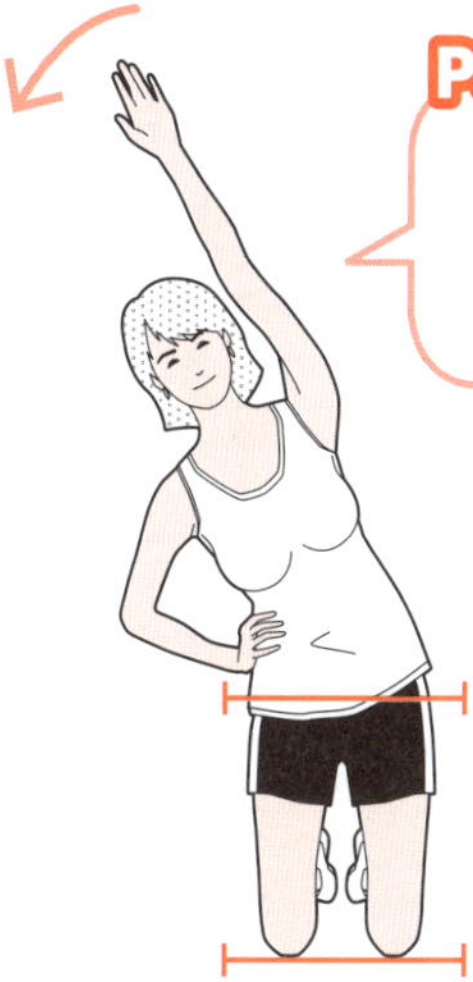

Point

- 背筋はまっすぐ
- 骨盤は傾けない
- 上にあげた腕は、耳にそわせる

左右10秒ずつ

全レベル共通
ストレッチ
⑤

「おなか」を伸ばす

うつ伏せから
上体を起こして。

おなかの中心にあるこの部分を柔らかくしておくと、スーッと伸びた美しい姿勢をキープできるようになる。腰痛がある人は、無理せず、ヒジを床につけた状態からスタートするとラク。

1 **うつ伏せになり、ヒジを曲げて手のひらを床につけ、胸の横に置く。足はつま先だけ床につけ、かかとをあげる。**

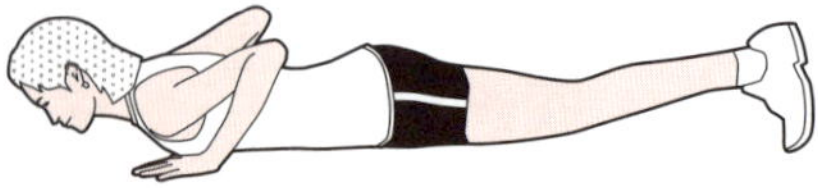

2 **そのまま、腕の力を利用して上体をできるところまでゆっくり起こす。**
そのまま10秒キープ。

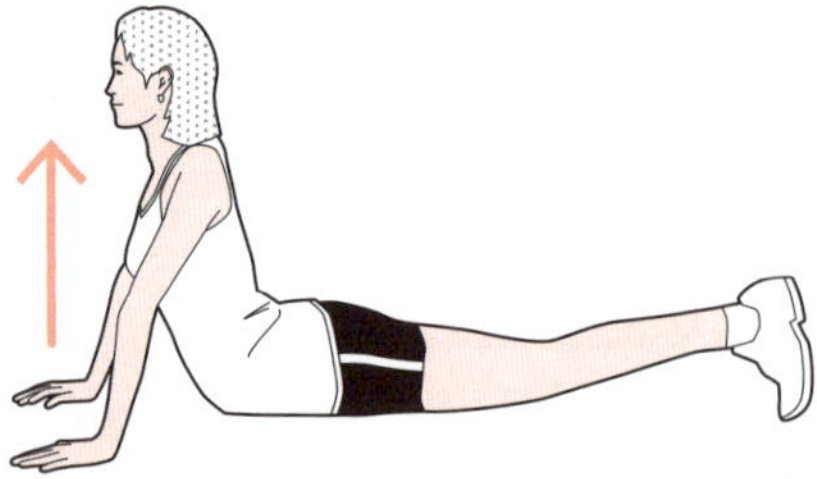

10秒 × 2セット

腰痛がある人、基本パターンが、やりづらい人はコレ

1 うつ伏せになり、肩の真下にヒジを置いて、ヒジから先を床につける。

ヒジから下を床につけると、
腰への負担が軽くなる。

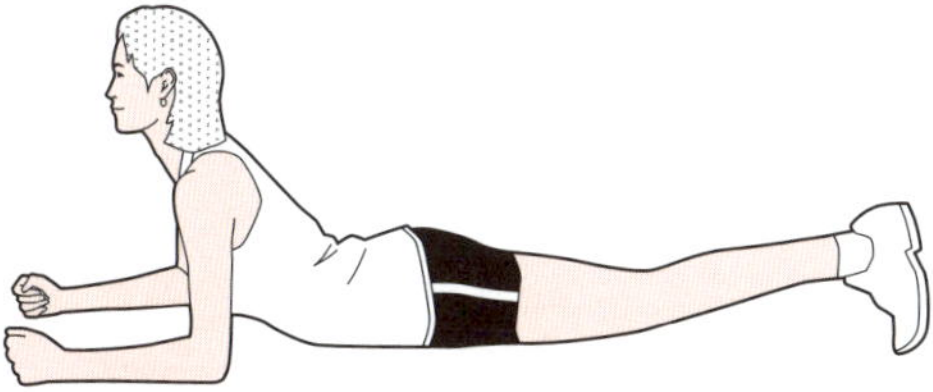

Point

・骨盤が床から浮かないように注意
・顔は真正面に向ける

2 そのまま、腕の力を利用して上体をできるところまでゆっくり起こす。

10秒キープ。

10秒 × 2セット

全レベル共通
ストレッチ
⑥

「おしり」を伸ばす

座って胸を突きだす動作で。

歩く、しゃがむ、座るなど、日常生活のさまざまなシーンで使う、おしりの筋肉全体を伸ばしていく。背筋を伸ばしたまま胸を突きだすと、効果が高まる。

1 床に座って、足を肩幅に開き、両ヒザを90度に曲げる。

手は肩幅に開いて
後ろにつく。

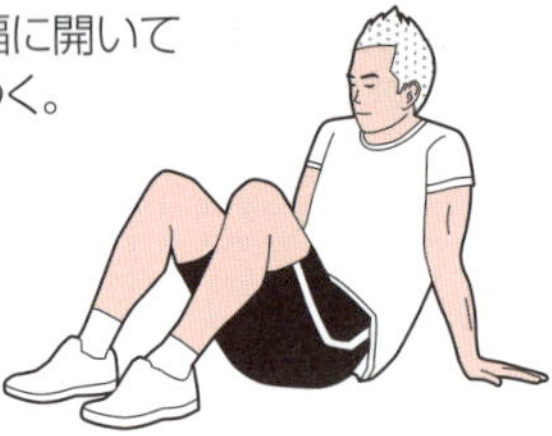

2 一方の足首を、もう片ほうのヒザ上にのせ、のせた脚に近づけるように胸をグーッと前に突きだす。

そのまま10秒キープ。

Point
腕で上体をしっかりささえる

左右10秒ずつ

全レベル共通
ストレッチ
⑦

「ももの裏」を伸ばす

片ほうのヒザを曲げて前屈。

太ももの裏の「ハムストリングス」という筋肉を伸ばすストレッチ。ここがかたいと、肉離れなどの故障を起こしやすくなる。つま先に手が届かない人は、ヒザを軽く曲げてもOK。

1
背筋と両脚を伸ばして座り、脚を肩幅に開く。片ほうのヒザを曲げて、足裏をもう片ほうのヒザの横に沿わせる。
伸ばしたほうの脚のつま先を、両手でしっかり持つ。

2
そのまま上体をゆっくり前へ倒していく。
曲げたほうの脚のヒザに胸を引きつけた姿勢を10秒キープ。

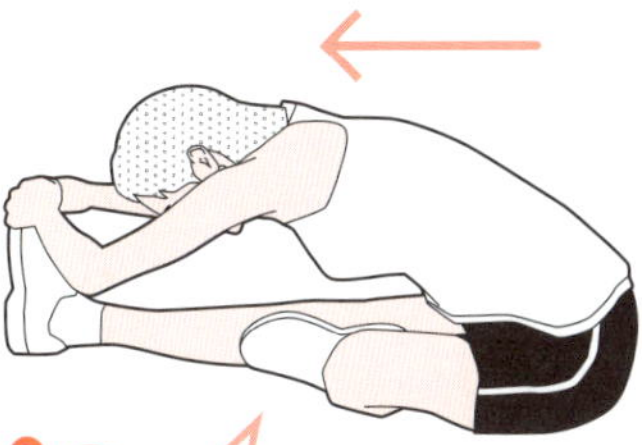

Point
- **背筋を伸ばす**
- **顔は下向き**
- **できるだけ上体を深く倒す**

左右10秒ずつ

全レベル共通
ストレッチ
⑧

「ももの内側」を伸ばす

足裏を合わせて座って。

ももの内側を柔らかくすると、足の運びがなめらかになり、階段をラクにかけのぼれるようになる。背中が丸まらないように注意。

1 背筋と両脚をしっかり伸ばして座る。

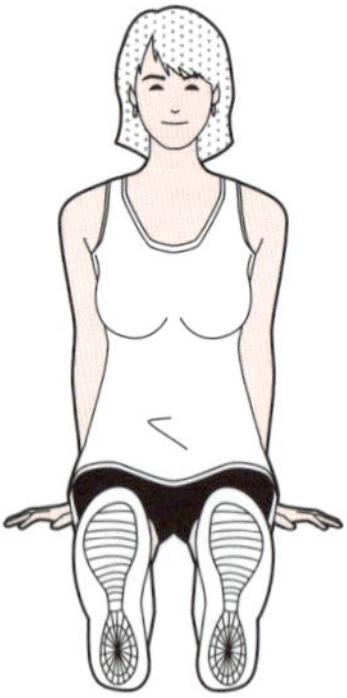

2 両ヒザを曲げ、左右の足裏をピッタリ合わせる。

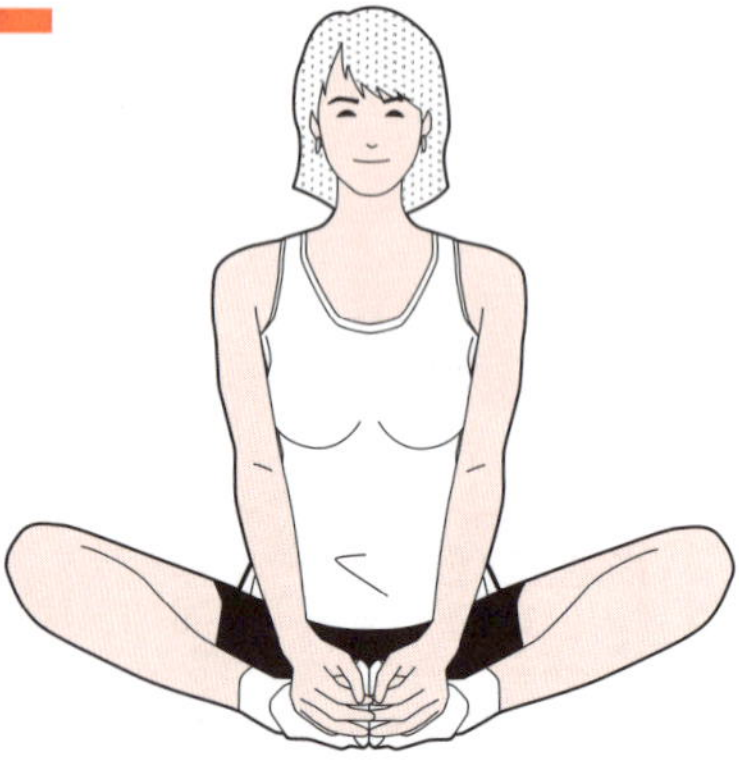

3 両足のつま先を両手で持ち、上体へグーッと引きつける。

そのまま10秒キープ。

Point
- 背筋を伸ばして上体をまっすぐキープ
- 骨盤を立てるイメージで

10秒 × 1セット

全レベル共通
ストレッチ
⑨

「背中と脇腹」を伸ばす

上体をひねる動作で。

体をひねるときに使う背中、腰、おしり、脇腹まで、一気に気持ちよく伸ばすストレッチ。継続すると、スポーツシーンで、腰をうまく回転させられるようになる。腰痛予防、姿勢矯正にも効果的。

1

脚を伸ばして座り、一方のヒザを曲げ、脚を組む。曲げた脚と反対側のヒジを、曲げたヒザにおし当てる。

もう一方の手は、背後につく。

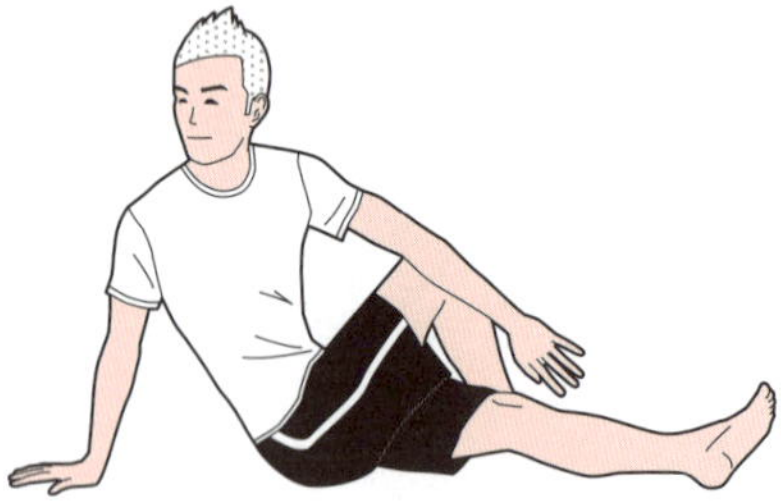

2 腕でしっかりヒザを固定しながら、上体をグーッとひねる。

そのまま10秒キープ。

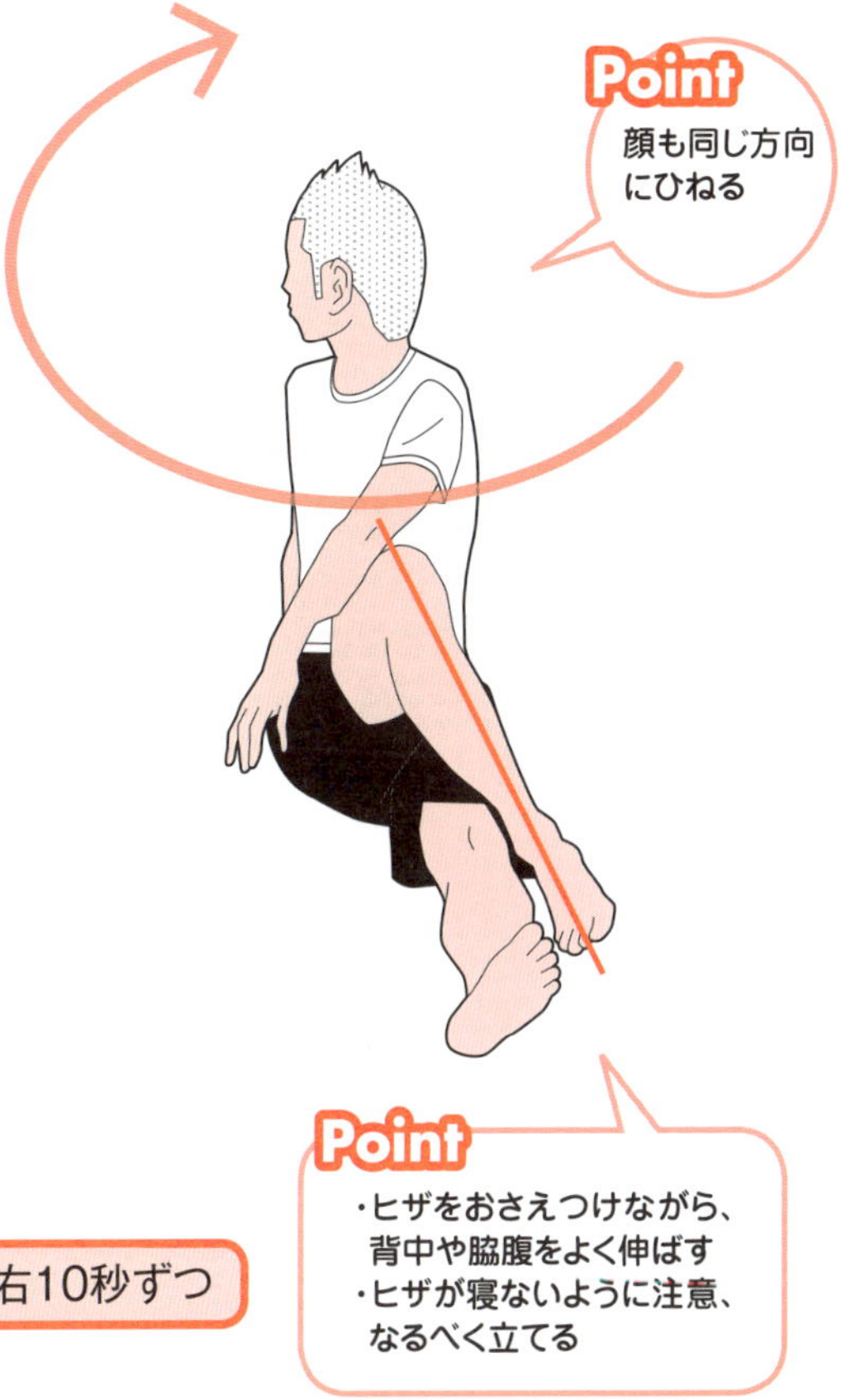
Point
顔も同じ方向にひねる
Point
・ヒザをおさえつけながら、背中や脇腹をよく伸ばす
・ヒザが寝ないように注意、なるべく立てる

左右10秒ずつ

全レベル共通
ストレッチ
⑩

「ももの前〜おなか」を伸ばす

片ほうのヒザだけで立ち
骨盤をおしだして。

ももの前からおなかの奥にかけてのインナーマッスルを、伸ばすストレッチ。続けてやっていると骨盤の安定感が増し、体軸がブレにくくなる。寝る前にやれば、足のむくみやだるさが解消される。また、歩く、走るといった動作もスムーズに。

1 片ほうのヒザで立ち、立てたほうの脚の太もも上に両手を置く。

2 後ろ脚を、できるだけ後方に引き、ヒザを床につける。

3 体重を前方にかけ、手を置いたほうのヒザを、極力、深く曲げる。

そのまま10秒キープ。

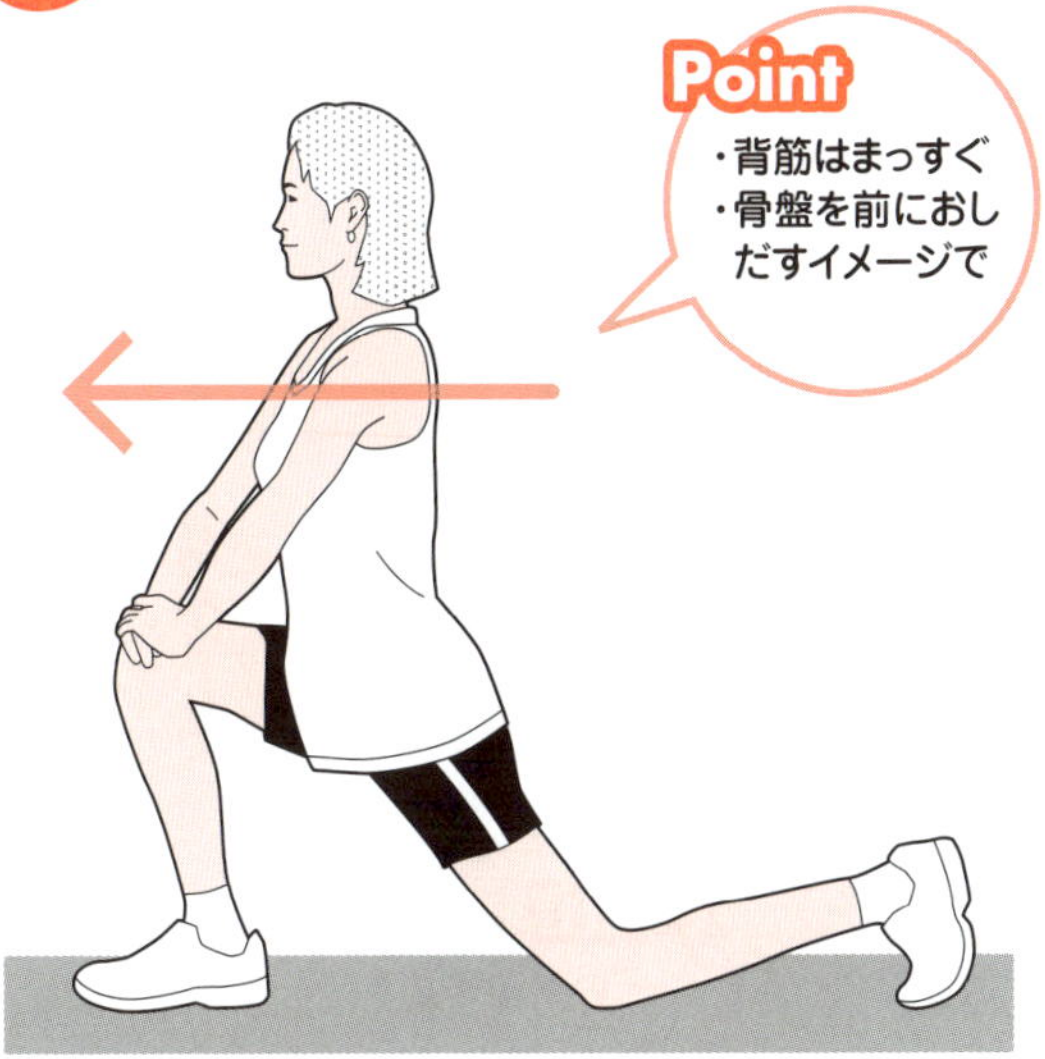
Point
・背筋はまっすぐ
・骨盤を前におしだすイメージで

左右10秒ずつ

全レベル共通
ストレッチ
⑪

「ふくらはぎ」を伸ばす

体で「くの字」をつくって。

手足を床について行うカンタンなストレッチで、ヒザ下の筋肉が気持ちよく伸びる。すべると危険なので、フローリングに靴下というスタイルは避けたい。絨毯やマットの上で、素足でやれば安心。

1 **両手、両足を床につけ、くの字の姿勢に。伸ばすほうの脚のかかとに反対の足をのせて、ふくらはぎとアキレス腱を伸ばす。**

10秒キープ。

Point

- くの字姿勢をキープ
- 腰の角度を調節し、かかとと一方の足を重ねる

左右10秒ずつ

全レベル共通
ストレッチ
12

「股関節」を伸ばす

仰向けでヒザを抱えて。

仰向けの姿勢でヒザを抱えるだけなので、寝る前にベッドに寝たままこれだけやってもいい。股関節が気持ちよく伸びることを意識してストレッチ。ただし、股関節の可動域は人によって異なるので、かたい人は無理に伸ばさないこと。

1

仰向けに寝て、片ほうのヒザを曲げ、両手で抱える。そのまま少しずつ、ヒザを胸に引きつけ、股関節と臀部の筋肉を伸ばす。

10秒キープ。

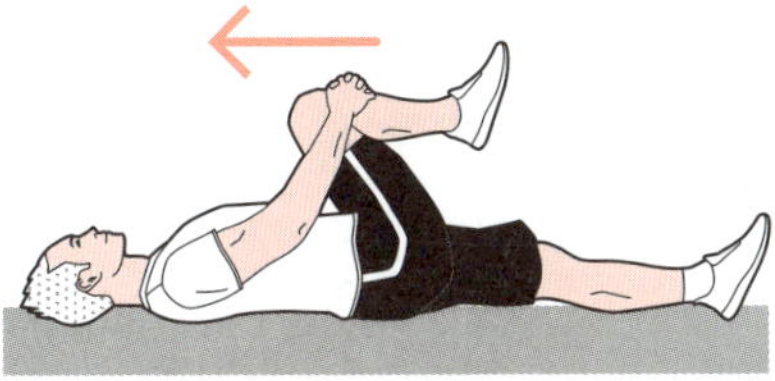

Point
無理せず、引きつけやすい方向にヒザを動かす

左右10秒ずつ

ストレッチ
全レベル共通
体幹 レベル1
体幹 レベル2
体幹 レベル3
体幹 レベル4
体幹 快適生活

Column 1

カンタンな体操だけど、やった人はわかる、すごい効き目！

体幹トレーニングで結果をだすために、一番大切なこと、それは、カンタンな動作を確実にやる。これさえ、おさえていれば、体は一段一段、階段をのぼるように着実に強化されていく。

初心者がいきなりアスリートレベルに挑戦しても、軸が弱いので動作がブレて危険だし、十分に刺激が目的のところに届かない。軸を安定させるための原則は、**★カンタンな動作を　★正確なフォームで　★ターゲットの筋肉を意識しながら　★ゆっくりやる**。これはもう、声を大にして伝えたいことだ。

さらに、基本動作として、腹を凹ます「ドローイン」を常に意識してやると、結果が勝手についてくる。実践すればわかるが、**一見ラクそうなポーズでも、きちんとドローインしながらやると、ものすごく効く**。

「軸が強化された！」と体でわかると、よりハイレベルなものに挑戦したくなり、楽しみながらやるうちに、強靭でしなやかな体が完成されていく。

カンタンなことをコツコツ続ける効果のすごみを、ぜひ知っていただきたい。

Chapter 4

実践！レベル1 体幹トレーニング

——ラクラク「インナーのパワーアップ」「メタボ解消」

レベル1の目的は、体幹の基礎がため。深層部のコアを強化するメニューがメインだ。一つひとつの動作をゆっくり正しく行うことがメリハリボディーの近道だ！

レベル1 体幹トレ・リスト

各メニューの詳しいやり方は次ページから説明していく。

① ドローイン2

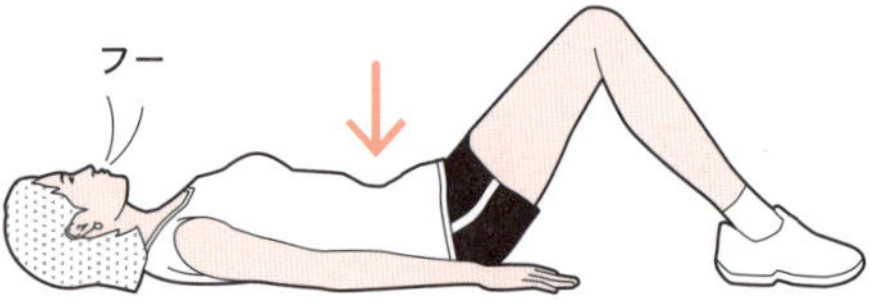

② クランチ

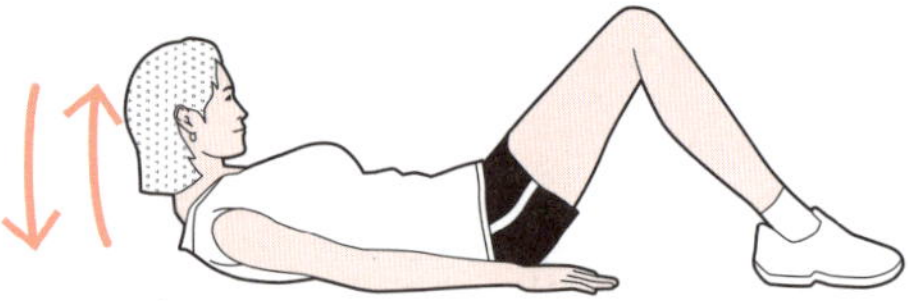

③ 腕あげクランチ

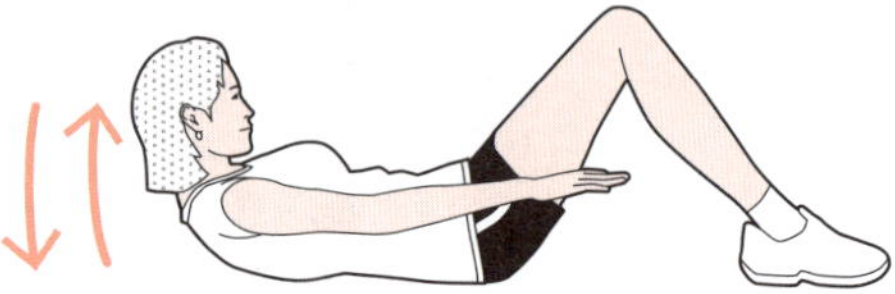

4 フロントアームリフト

5 サイドアームリフト

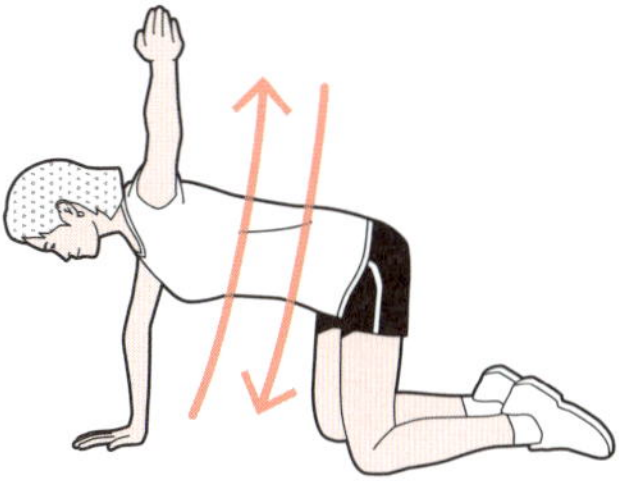

6 バックブリッジ

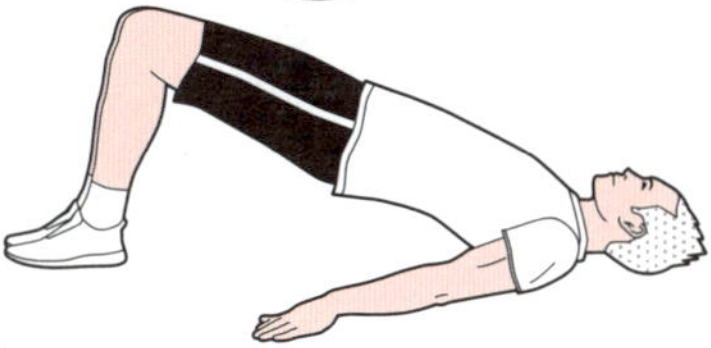

7 サイドアップ

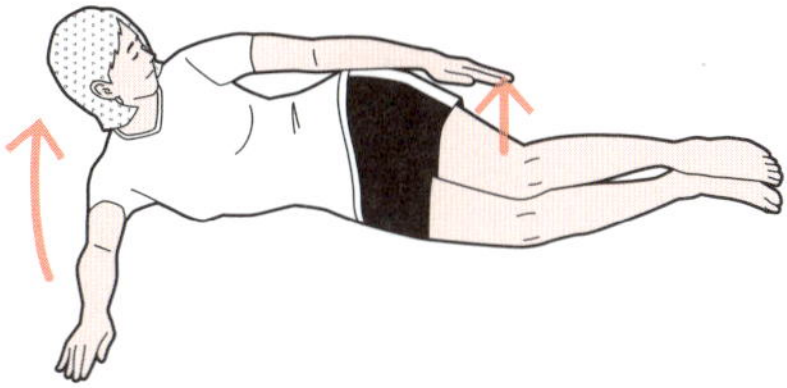

レベル1
体幹トレ
①

ドローイン2

まずは、仰向けになって基礎がため。

メタボぎみの人、運動不足で筋力がおとろえている人は、すべてのトレーニングをする際に、〝ドローイン〟を意識すると、確実に効果をあげられる。そこで、まずは準備運動として67ページで覚えたドローイン2の再確認からはじめよう。仰向けになって、おなかの筋肉をギュッと引きしめていく。

1

仰向けに寝て、脚を腰幅に開いてヒザを立てる。そのまま、鼻からゆっくり息を吸って、おなかをグーッとふくらませる。

その際、骨盤を床におしつけるようにすると腰の骨がまっすぐになり、横腹がかたまる感じもつかみやすい。

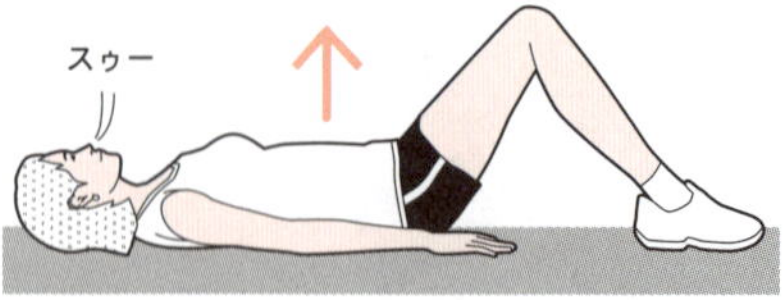

2 口で細く息を吐きながら、おへそを中心に、おなかを凹ませていく。

おなかの中の空気をすべてだしきるイメージで。「グーッとふくらませて、グーッと縮める」のメリハリが大事。

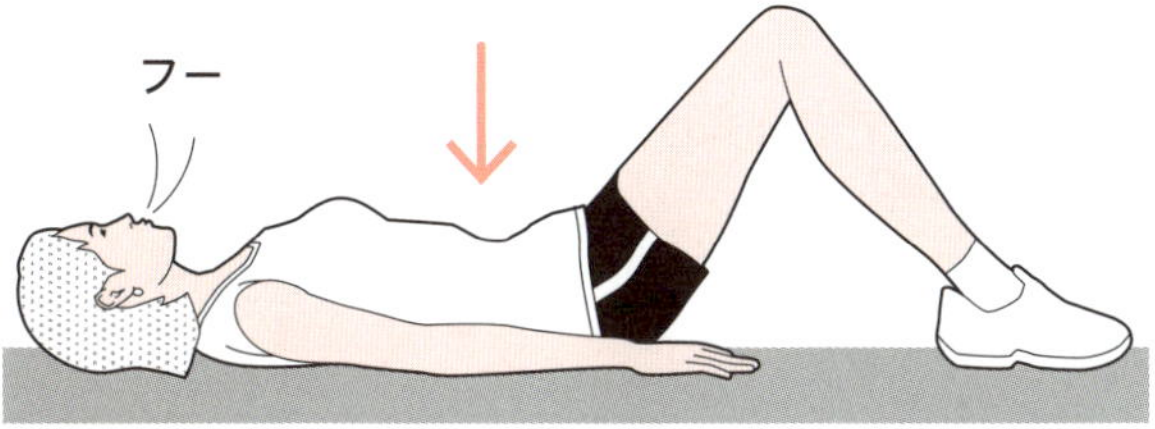

Point

- 呼吸はゆっくり
- 息を吐くとき、骨盤を床におし当て腹圧を高める

（＊はじめのうちは、両手をおなかにのせてやれば、腹筋の動きがよくわかる）

5秒で吸って
5秒で吐く
×
5セット

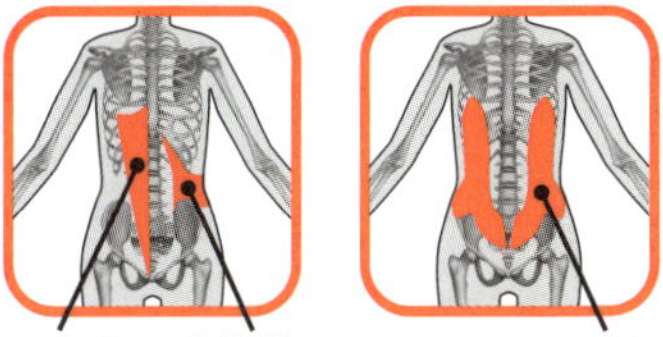

レベル1
体幹トレ
②

クランチ

おへそをのぞいて「おなかの中心」をしめ、メタボ脱出。

仰向けから頭を起こすと、腹部中央にある腹直筋にズンと響き、おなかの引きしめ効果がアップ。スローにやることで、脂肪の燃焼効果が高まる。メタボぎみの人の必修メニュー。

1

ヒザを立てて仰向けに寝る。腕は体側に置く。

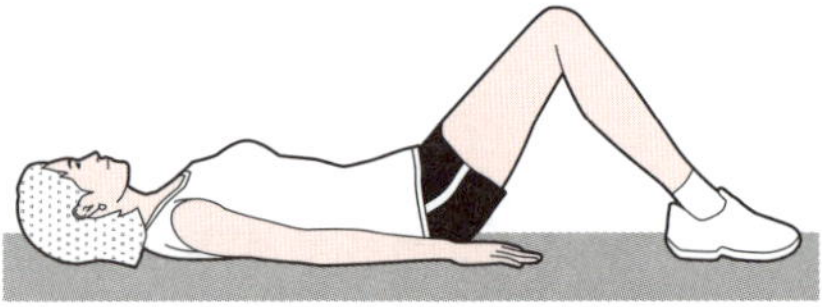

Point
足裏は床にしっかりつけておく

2 そのまま頭から肩甲骨までの上体を、おへそが見えるまで起こす。

息を吐きながら、3秒かけて頭を起こし、3秒かけて頭をおろす。

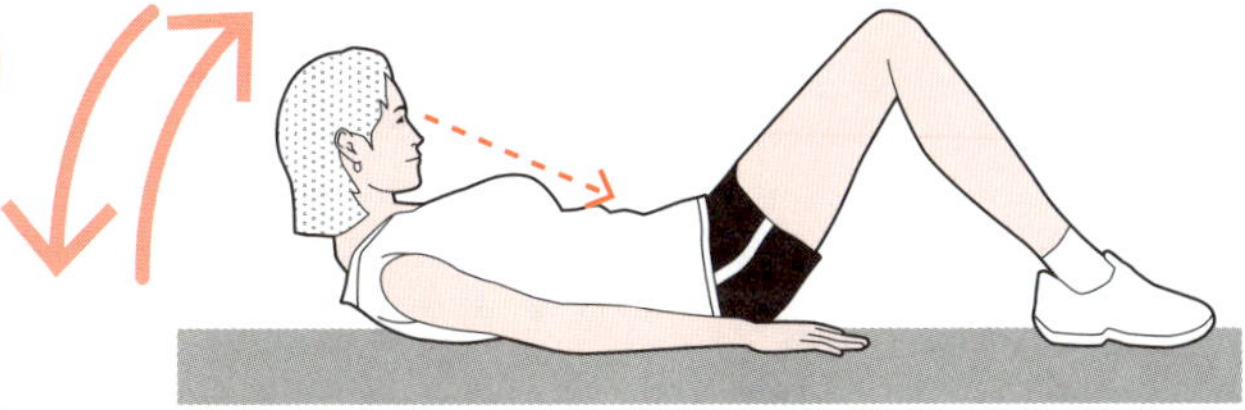

Point

・おへその周辺に力をこめる
・ゆっくり息を吐く

5セット

ここに効く！

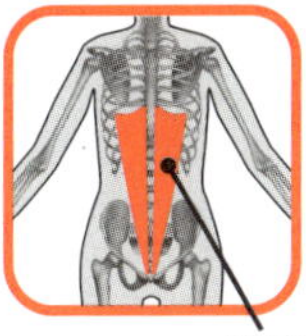

レベル1
体幹トレ
③

腕あげクランチ

腕を浮かせ、さらに「おなかの中心」を鍛える！

前項「体幹トレ②クランチ」の動作をベースに、少し難易度をあげたもの。腕を浮かせて上体を起こすと、さらにおなかに力が入り、引きしめ効果が高まる。おなかの脂肪が多くてやりづらい人は、「体幹トレ②クランチ」で練習を積んでからチャレンジ。

1 ヒザを立てて仰向けに寝る。

足裏は床にしっかりつけておく。

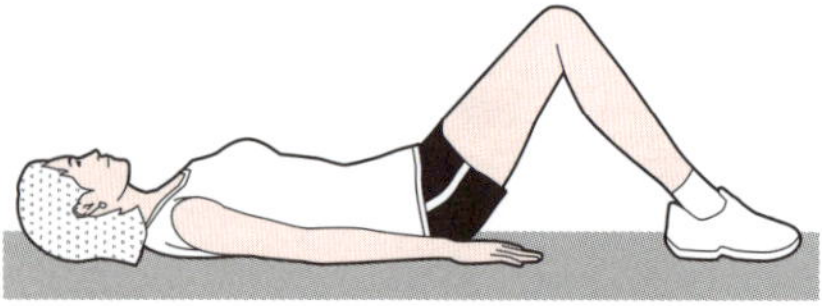

2

腕を浮かせて伸ばしたまま、頭から肩甲骨までの上体を起こして、おへそを見る。

息を吐きながら、3秒かけて頭を起こし、3秒かけて頭をおろす。

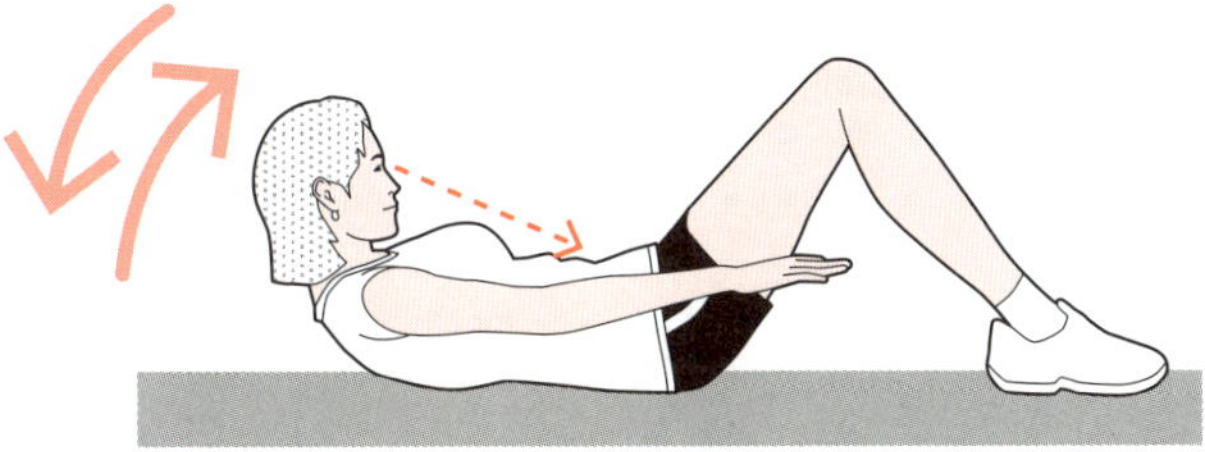

Point

・前項体幹トレ②より少しテンポを速める
・腕を浮かせて、おへそまわりに負荷をかける

3セット

ここに効く!

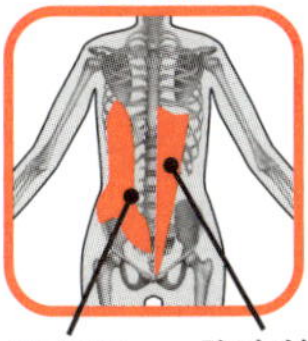

レベル1
体幹トレ
④

フロントアームリフト

両手両ヒザを床について腕を上下させ、「背中・腕」を鍛える。

ねこ背、肩こり、四十肩の解消や予防に効果的なトレーニング。腕をあげることで背中が鍛えられ、背筋のスーッと伸びた美しい姿勢に変わる。腕の上げ下ろしは、「いち、にい、さん」と頭の中で数えながら、ていねいに行うこと。

1

両手両ヒザをついて、床を見る。

両足は肩幅に開く。

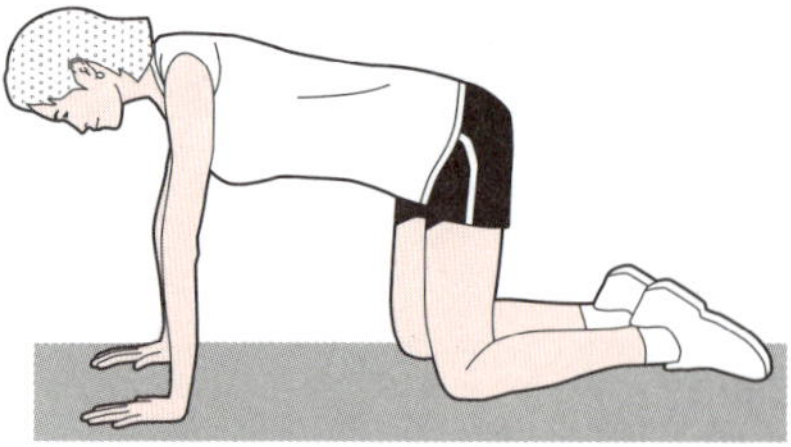

Point
ヒザの角度は90度に

2 片ほうの腕をまっすぐ伸ばし、耳の高さまで3秒かけてあげる。

このとき、指先からおしりまでが一直線のラインになるように。そのあと、3秒かけておろす。

Point
・腕は耳より下にさげない
・指先から臀部を一直線に
・おなかはしっかりドローイン

左右5回ずつ
×
2セット

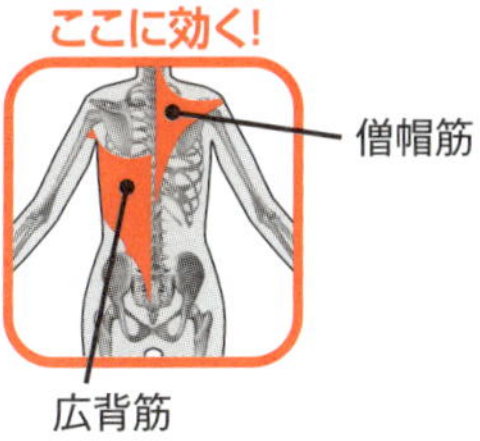
ここに効く!
僧帽筋
広背筋

レベル1
体幹トレ
5

サイドアームリフト

手を真横にあげる動作で「背中・腕」を鍛える。

腕を真横に広げて上下させ、背中と腕の筋肉を鍛えつつ、腕の可動域を広げる。背中に筋力がつくと骨盤も安定し、軸がブレない体に変わる。気をつけたいのは腕の高さ。あげすぎても、さげすぎても効果が半減してしまう。

1

両手両ヒザをついて、床を見る。

両足は肩幅に開く。

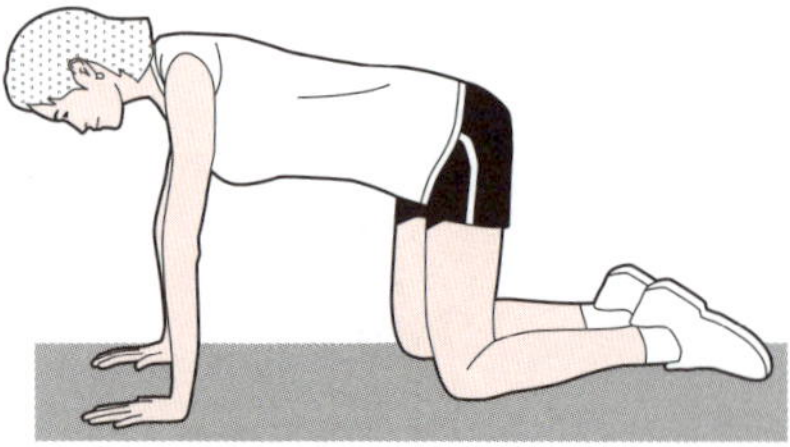

Point
ヒザの角度は90度に

2 一方の腕を3秒かけて真横にあげ、3秒かけておろす。

Point

- 肩よりやや上に腕をあげる
- 腕はまっすぐ伸ばす
- おなかはしっかりドローイン

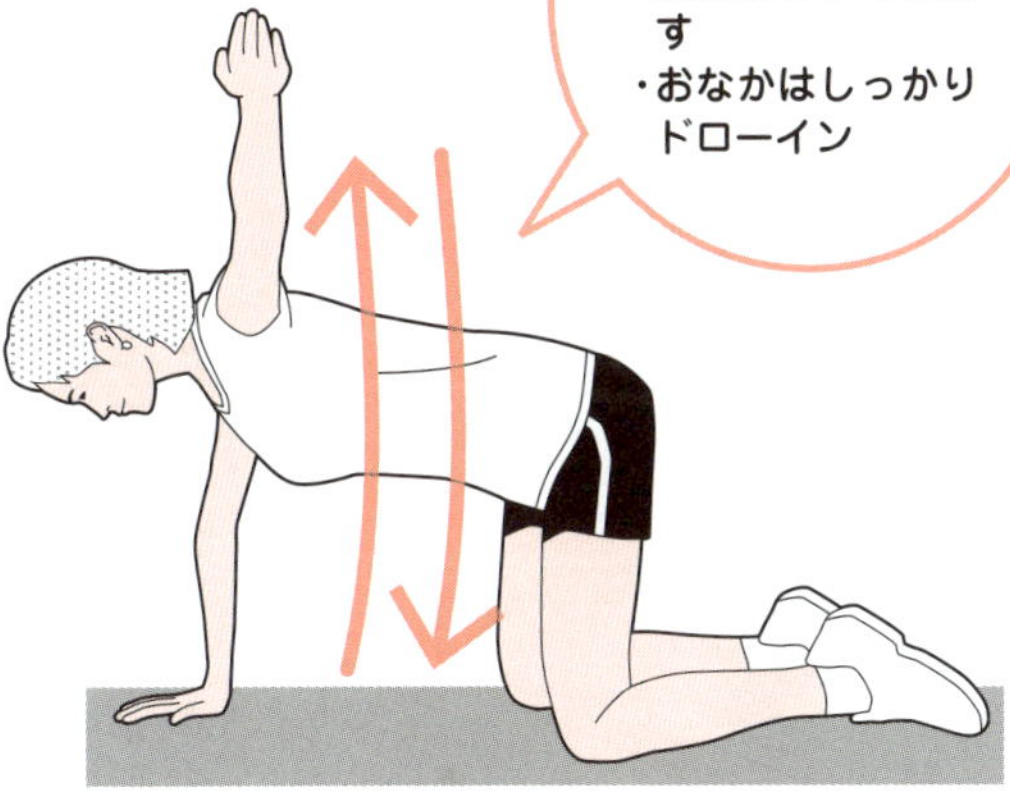

左右5回ずつ
×
2セット

ここに効く!

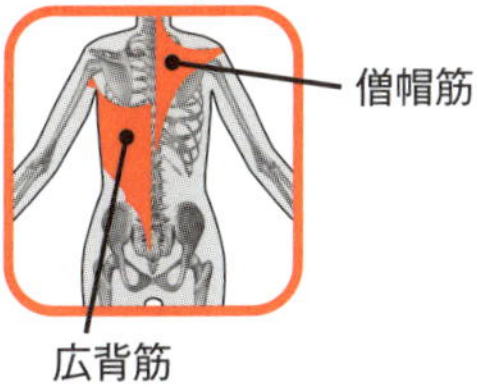

レベル1
体幹トレ
⑥

バックブリッジ

「おしり」を持ちあげ、太ももの筋肉まで一度に引きしめる。

おしり、背中、おなか、太ももの前まで、一気に鍛えられるトレーニング。腰がかたい人は、筋肉中に疲労物質「乳酸」がたまりやすいので、このトレーニングで柔軟性を高めておこう。続けていると、疲れにくいタフな体に変わる。

1

仰向けに寝てヒザを立て、腕はななめ45度に開く。

手のひらは下に向けて、頭も足裏も床にピタッとつける。

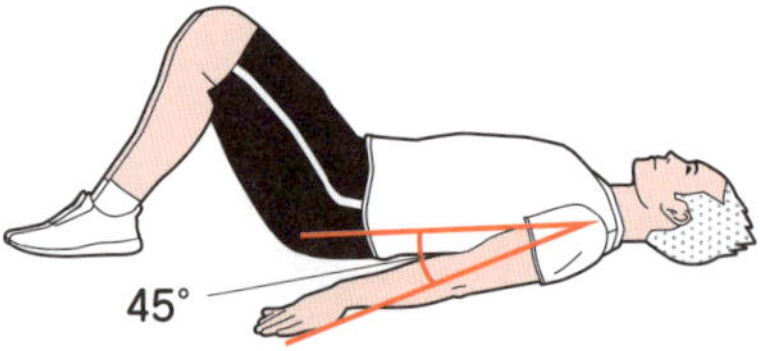

2

そのままおしりを持ちあげ、背中からヒザまで一直線になったところで5〜10秒キープ。

Point

- 骨盤を引きあげる感覚で、おしりを持ちあげる
- 腰をそらせたり、さがりすぎたりしないよう、位置を安定させる

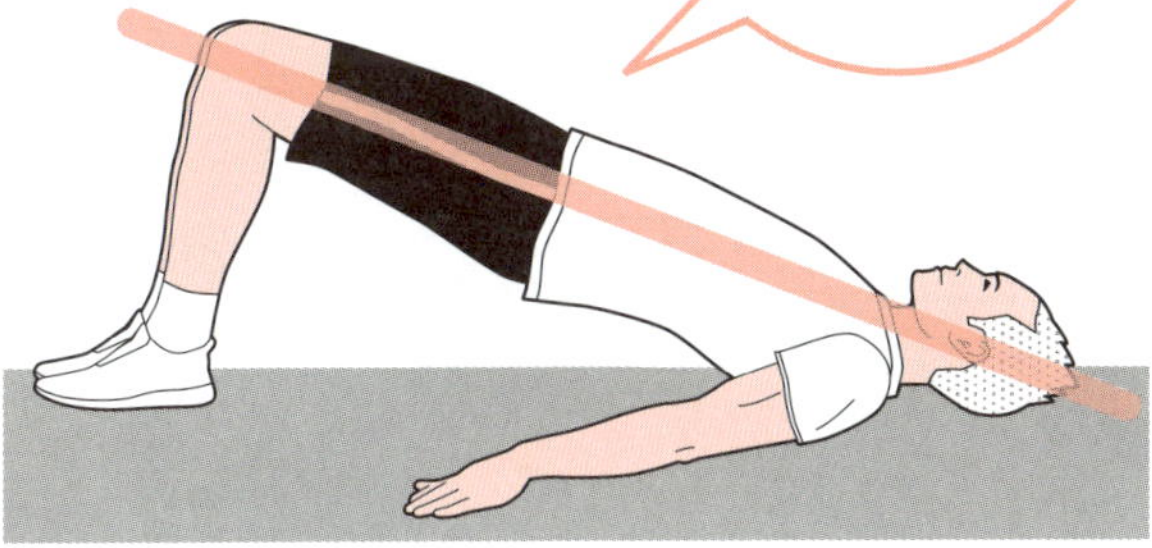

3セット

ここに効く!

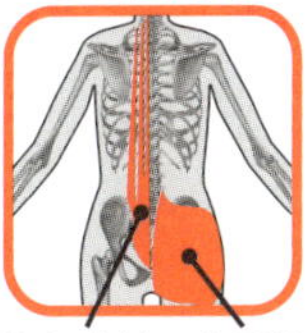

脊柱起立筋　大臀筋

ここに効く!

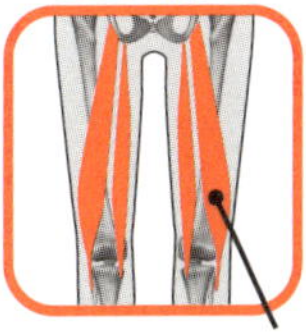

ハムストリングス

レベル1
体幹トレ
⑦

サイドアップ

横向きに寝て、ゆるんだ「脇腹」を鍛える。

体幹の側面に効かせるトレーニング。床に横向きに寝て、頭と腕を浮かせたポーズのままキープ。この動作で、ふだんなかなか鍛えられない脇腹がキュッとしまる。ターゲットの筋肉を意識すると効果があがる。

1

横向きに寝て腕を前に伸ばす。

手のひらは床に向けて。

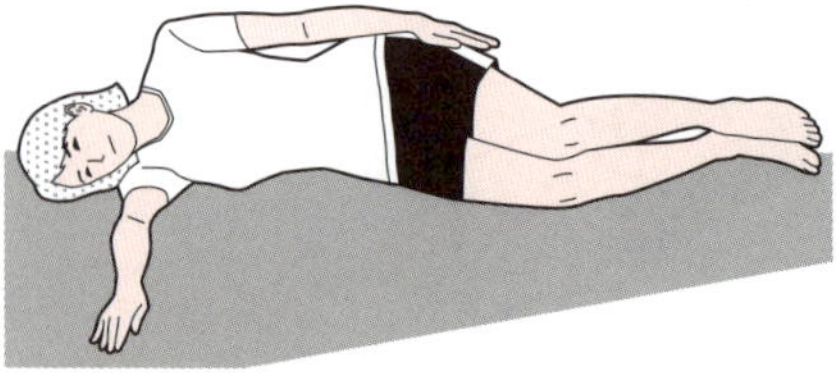

2 頭と腕を同時に持ちあげ、同じ高さで5秒キープ。

骨盤が前後に傾かないように注意。

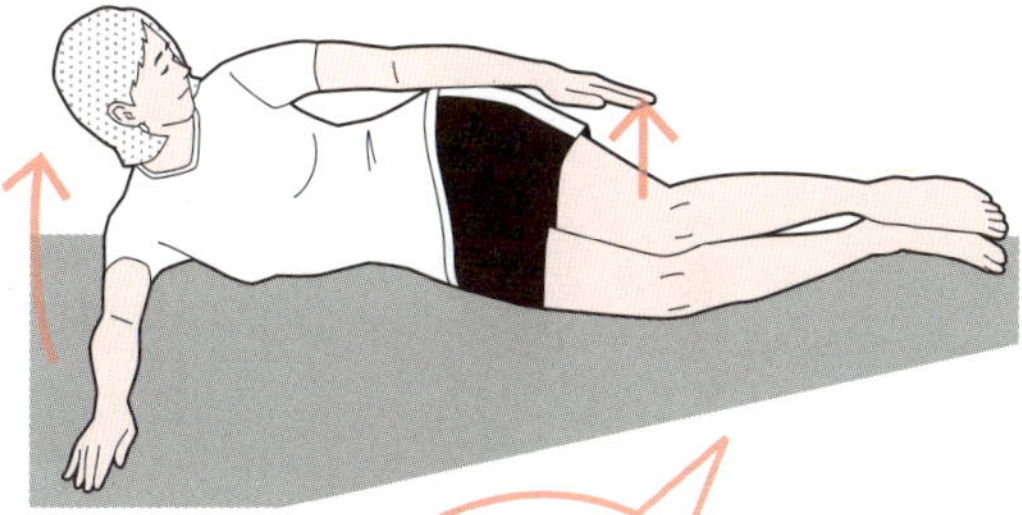

Point

- 骨盤を固定し、体がブレないように注意
- 脇腹が、かたくなるのを意識する

ここに効く!

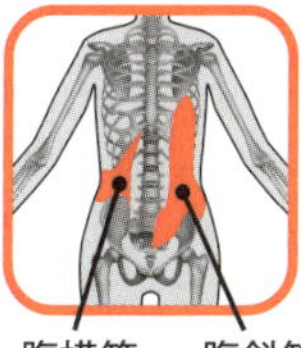

左右3セット

Column 2

ブレない体、ブレない心、ブレない快適な人生を手に入れるコツ

潜在能力を目覚めさせ、あなたの人生を快適なものにするカンタンなコツがある。**それは、「夢（＝ゴール）」をはっきりと公言することだ。**

ビジネスパーソンであれば、「来月までに、営業成績を○○だけあげたい」「年収○○アップする」、プライベートであれば、「モテたい」「○○を手に入れたい」というように、ゴールをできるだけ具体的にいう。

さらに、それを「やらなければいけない」ではなく、「ぜひ、やりたい」「やってみたくて仕方ない！」というプラス思考で楽しむと、ゴールがむこうから近づいてくる。幸いなことに、**体幹トレーニングをすると、脳も刺激されて、ごく自然にポジティブな思考ができるようになる。**

一流アスリートほど、あえて高い目標、大きな夢をゴールに設定するものだ。その目標設定のコツは、ビジネスパーソンにも十分通用する。体幹の軸が定まると、心もブレなくなり、気力・体力ともにあがって、より大きな夢に向かって行けるようになるのだ。ブレない体は、幸福で快適な人生とつながっている。

Chapter 5 実践！ レベル2体幹トレーニング

——サクッと「アウターのパワーアップ」「見た目チェンジ」

レベル2では、アウターマッスルに刺激を入れ、外側の大きな筋肉を強化していく。レベル1で筋肉の震えや体のグラつきがなくなったら、レベル2のメニューをプラスしていこう！

レベル2 体幹トレ・リスト

各メニューの詳しいやり方は次ページから説明していく。

① ももあげ
クランチ

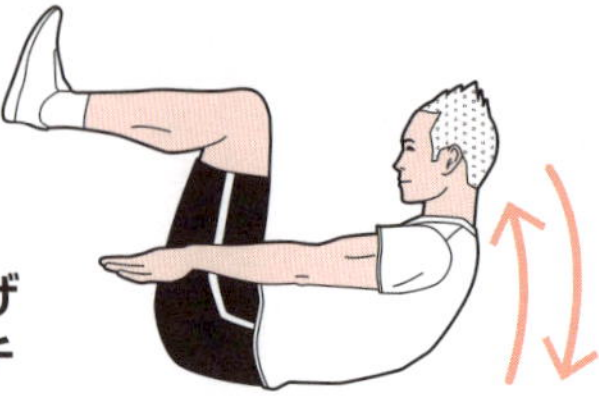

② アームレッグ
クランチ

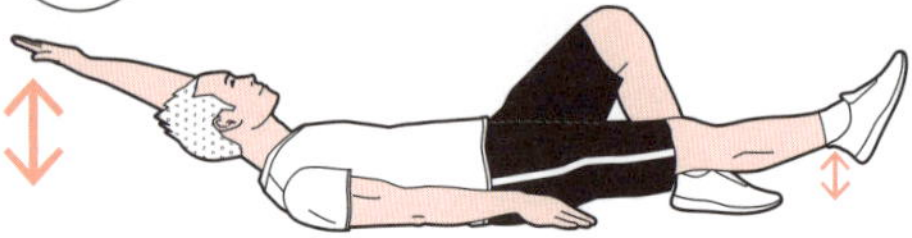

③ ダブルニー
トゥーチェスト

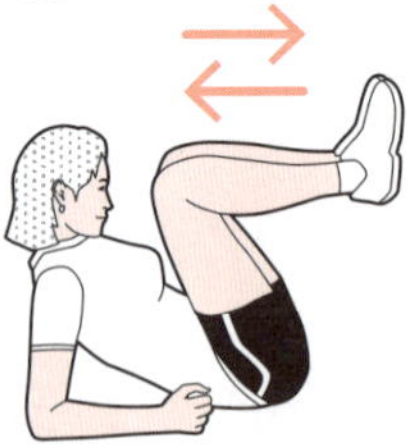

④ ニートゥー
チェスト

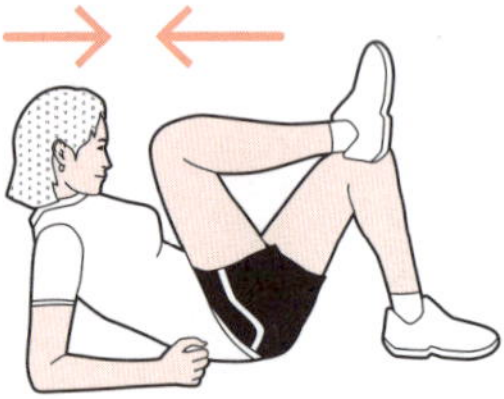

5 半身クランチ

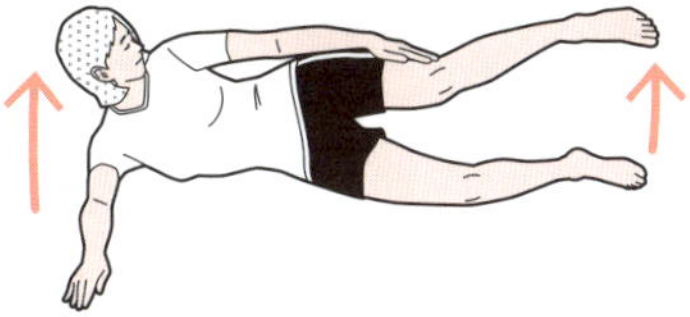

6 サイドレッグリフト

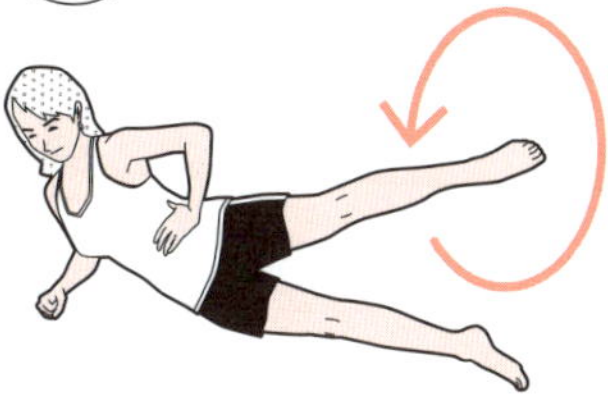

7 フロントブリッジ

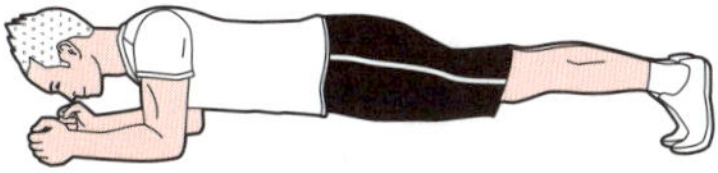

8 バックレッグサイドリフト

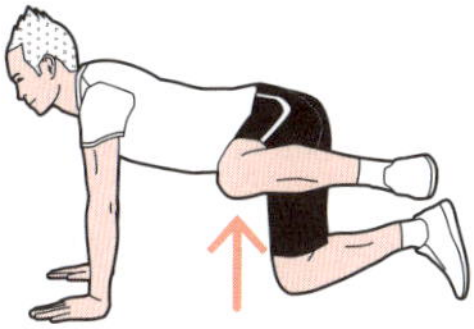

9 バックキック

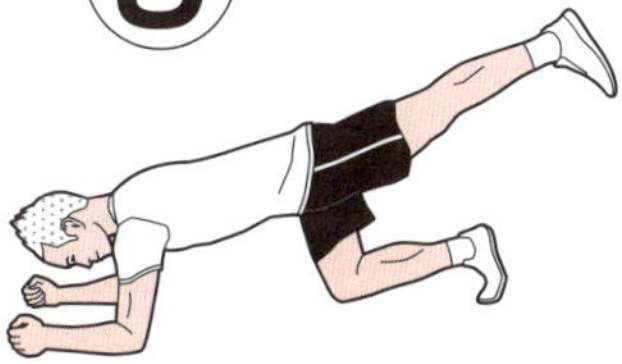

レベル2
体幹トレ
①

ももあげクランチ

おへそを中心に「おなか」の筋肉をかためる!

この体幹トレーニングは、おなかの前面によく効く。腹筋の前部は太ももとのつながりが深く、鍛えると、ももの引きあげもスムーズに。骨盤を床におしつけながら腕・肩甲骨を浮かせると、おなかがキュッとしまる感じがわかる。

1 仰向けに寝て、両脚を閉じたまま、ヒザを立てて軽く曲げる。手のひらは下に向けて床につける。

2 脚を浮かせ、股関節、ヒザ、足首がすべて90度になるように保つ。

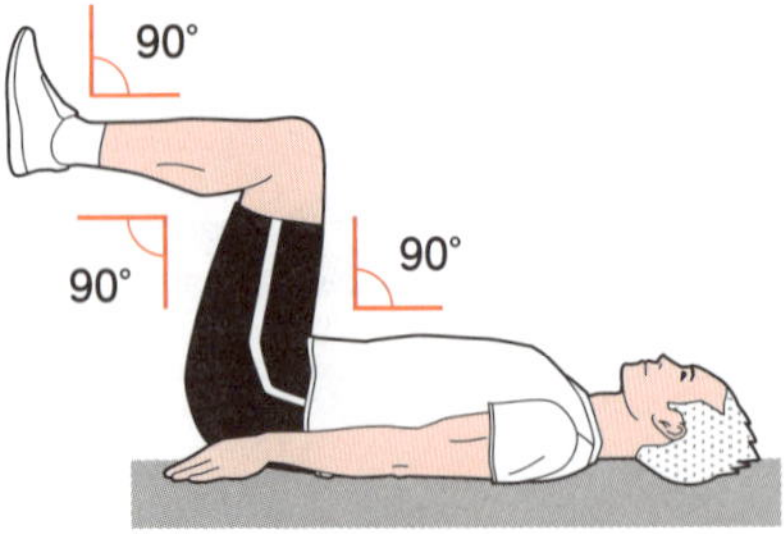

ここに効く!

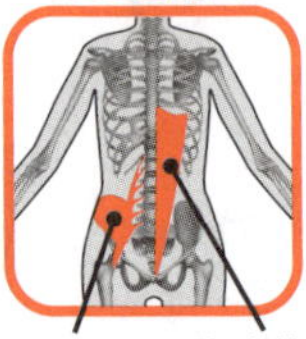

3 そのまま腕と肩甲骨を床から浮かせる。

目線はおへそのあたりへ。3秒かけて浮かせ、3秒かけておろすという動作を5回繰り返す。

Point

・骨盤は浮かせない
・おへそ周辺の筋肉をかためるイメージで

3秒かけてあげる、3秒かけておろすを5回 × 3セット

レベル2
体幹トレ
②

アームレッグクランチ

手足の先まで一本の軸にして「おなか」をしめる。

寝たまま、片ほうの腕とその逆側の脚を上下させると、胸からおなかの横、足先までがいっしょに鍛えられ、軸が安定する。腹筋をしめることで腰まわりの筋肉のバランスもよくなり、腰痛の解消や予防にもいい。

1

仰向けに寝て
左ヒザを曲げる。

左腕は床につけたまま
頭上にまっすぐ伸ばす。

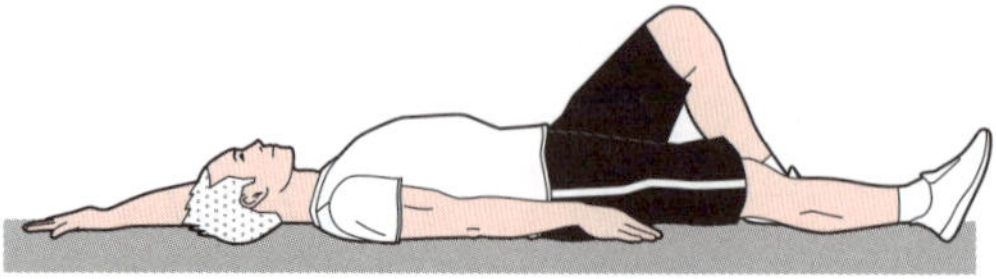

2

おへそを見るように頭を起こしながら、左腕と右脚を同時にあげて5秒キープ。

床上ぎりぎりのところまでおろしたら、再びあげる動作を3回繰り返す。反対側の腕と脚も同様にする。

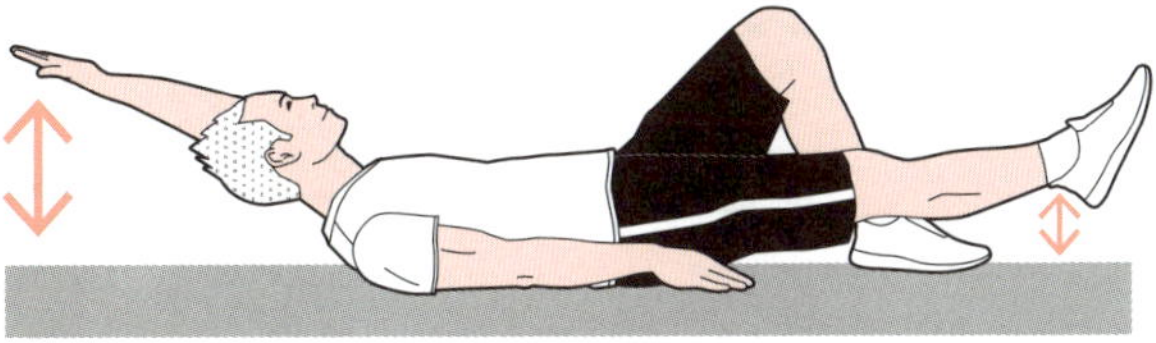

Point

- 床に触れずに腕と脚を上げ下げする
- 手も足も指先までピンと伸ばす
- 肩甲骨、腰、骨盤は床にピタッとつける

5秒キープを
3回
×
左右各3セット

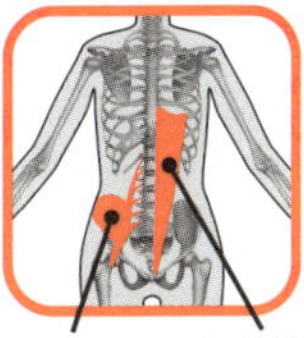

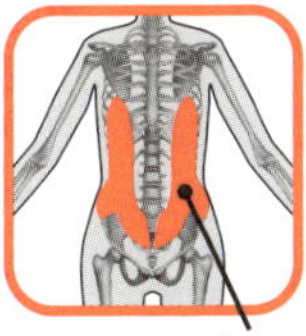

レベル2
体幹トレ
③

ダブルニートゥーチェスト

90度のヒザから脚を引き寄せ「下腹部」を強くする。

下腹部を鍛えるこのトレーニングは、姿勢がとても大切。ヒジをつき、両脚を浮かせるポーズが基本だが、必ずヒザを90度に曲げたところからスタート。90度以上だと、腰がそって浮きやすくなり、効果が半減してしまう。腰を床につけ、骨盤を安定させた状態で行うとブレにくくなる。腰痛予防にも最適。

1

仰向けになって上体を起こし、両肩の真下で両ヒジをつく。両脚をピタッと合わせつけたまま浮かせる。

その際、足首、ヒザ、股関節がすべて90度になるように。あごは引く。

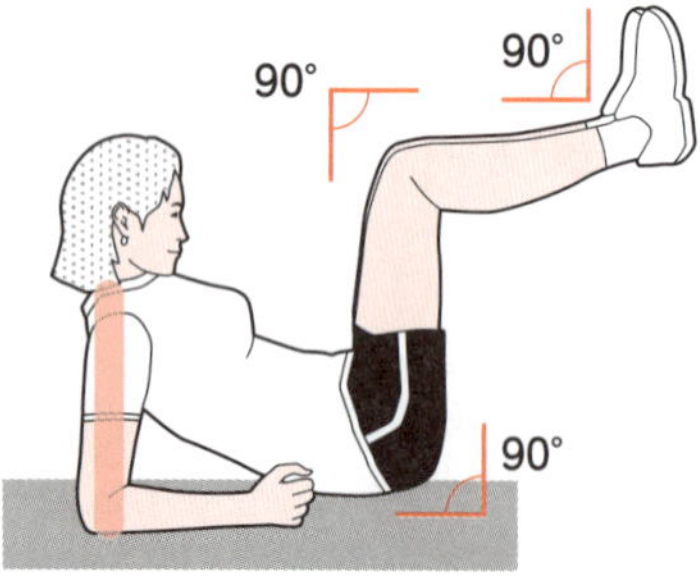

2 ヒザを上体に引き寄せ、そのあと 1 の姿勢に戻す。

腰は浮かさないほうが下腹に
負荷がかかって効果アップ。

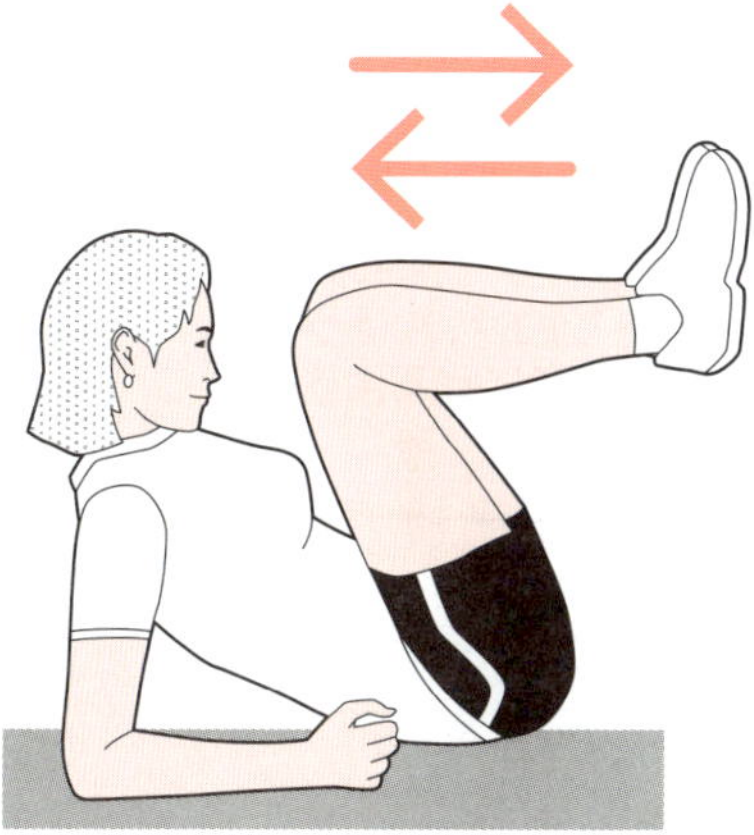

Point

- 骨盤を床におしつけながら、ヒザを引き寄せる
- 動作はゆっくりと

脚を引き寄せて
戻す動作を
10回 × 3セット

ここに効く!

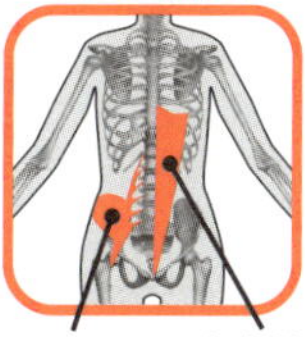

ここに効く!

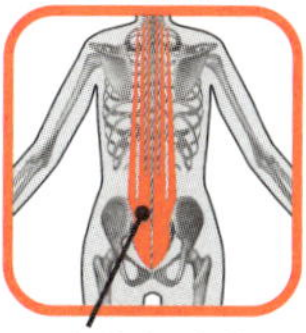

レベル2
体幹トレ
④

ニートゥーチェスト

片ほうの脚をそれぞれ上体に引き寄せて「おなかの前面」をしめる。

前項「体幹トレ③ダブルニートゥーチェスト」同様、ヒジをついた姿勢で行う。やはり、おなかの前を鍛えるが、今度は片ほうの脚だけを上体に引き寄せる。顔をいっしょに動かすと、股関節周辺の筋肉とともに、腹斜筋、腹横筋にも効かせることができる。腰を浮かさず、骨盤の安定性を高めることが大切。

1

仰向けになって上体を起こし、両肩の真下で両ヒジをつく。ヒザを曲げ、片ほうの脚を床と平行になるように持ちあげる。

あごは引いて視線は前方に。

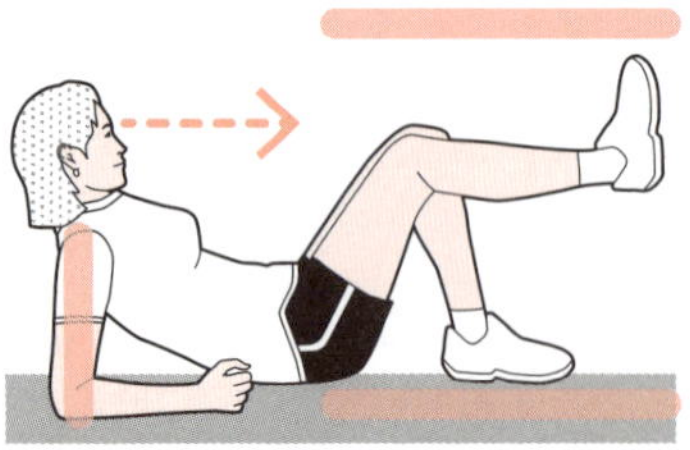

2 顔とヒザを同時に引き寄せて、おなかをギュッと縮めてかためる。

2秒かけてゆっくり引き寄せる。

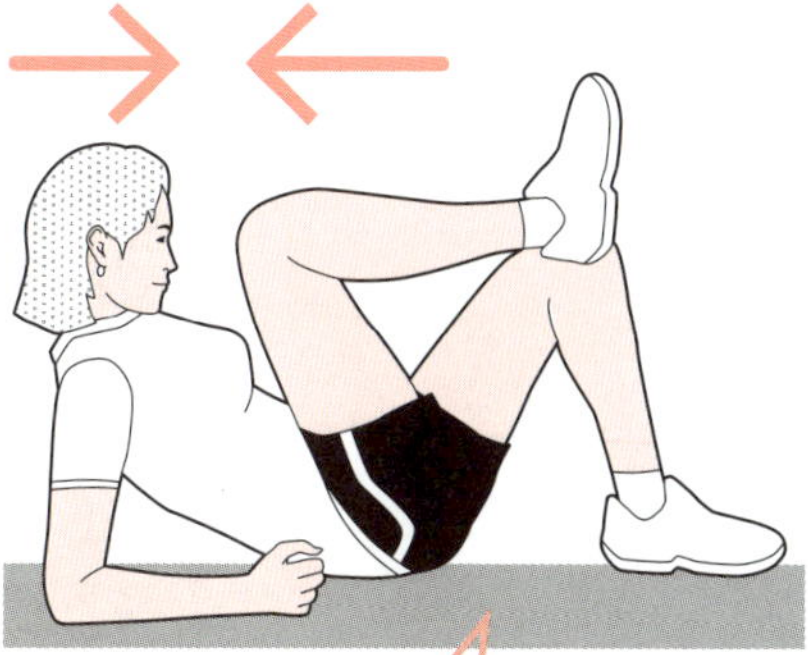

Point

- 顔とヒザをゆっくり引き寄せる
- おへそを中心に縮める
- 骨盤を床におしつけて安定性を高める
- 背中は反らせない

左右10回
×
2、3セット

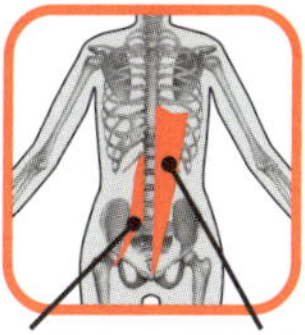

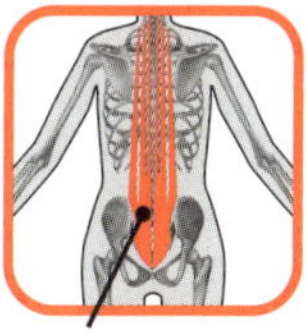

レベル2
体幹トレ
⑤

半身クランチ

体を一直線にして
「おなかの側面」に効かせる。

「レベル1・体幹トレ⑦サイドアップ」を、レベルアップさせたもの。ここでは、頭、腕、脚を同時に浮かせたままキープ。床と平行に脚も浮かせることで、体幹の側面がさらに強くなり、骨盤も安定する。

1

**横向きに寝て
腕を前に伸ばす。**

手のひらは床に向けて。

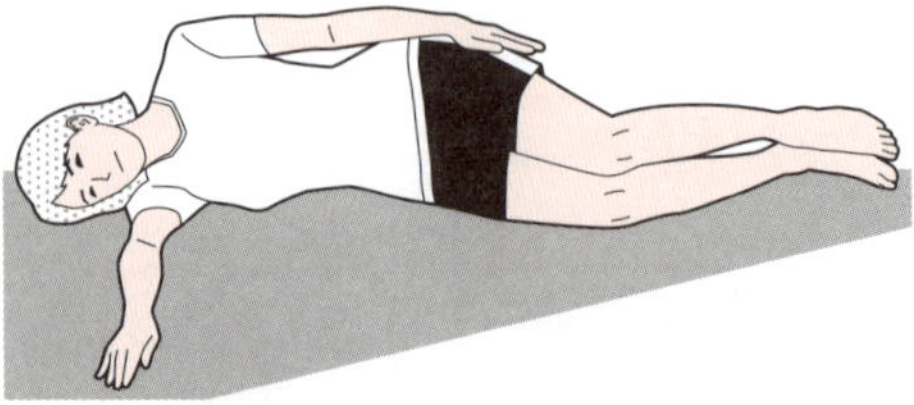

2

頭、腕、脚が 一直線になるように浮かせる。

すべて同時に引きあげるのがポイント。骨盤が前後にブレて倒れないように注意しながら、5秒キープ。

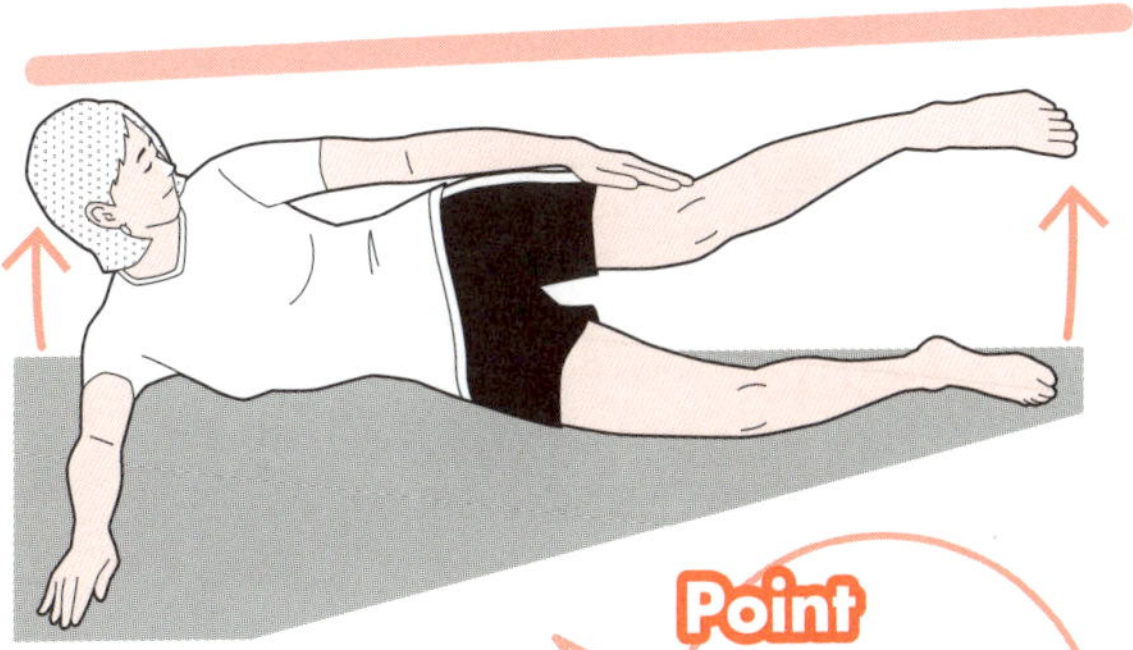

Point

- 骨盤を固定して体がブレないように注意
- 脇腹がかたくなるのを意識する

5秒キープ × 左右3セット

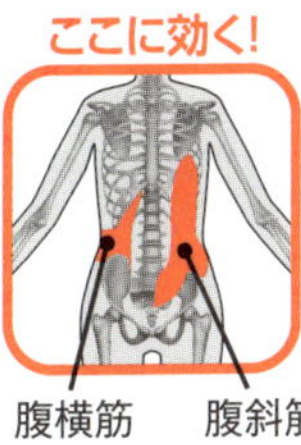

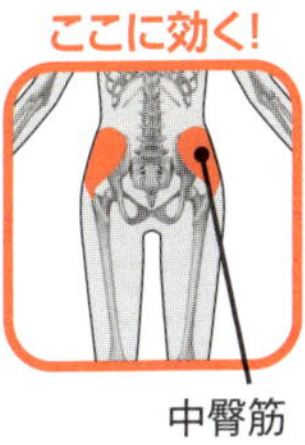

レベル2
体幹トレ
⑥

サイドレッグリフト

「おしりと脇腹」にすごく効く、脚の上げ下げ。

横向きになって脚を上下に動かしたり回したりすることで、おなかの側面からおしりまでの連動性が高まる。しかも、体の深層部に刺激が届くので、インナーマッスルもしっかり強化される。

1

横向きに寝て肩の真下でヒジをつき、上半身を起こす。

もう片ほうの手は腰に当てる。

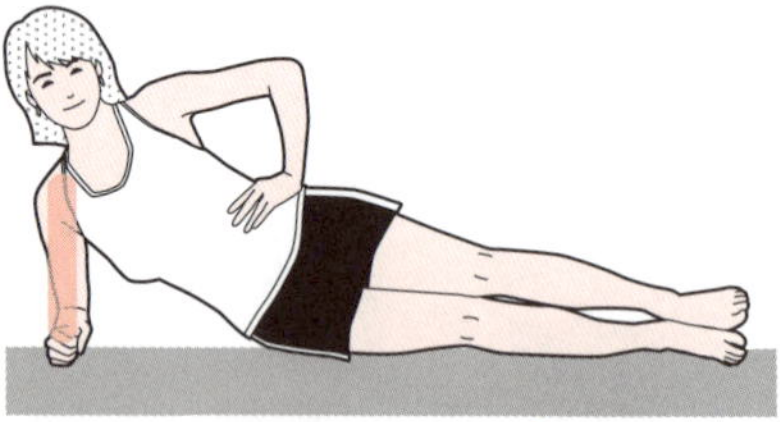

Point

ヒジが肩の真下からズレると、ヒジを痛めてしまうので注意

2

そのまま、ゆっくり3秒かけて上の脚をあげ、ゆっくり3秒かけておろす。

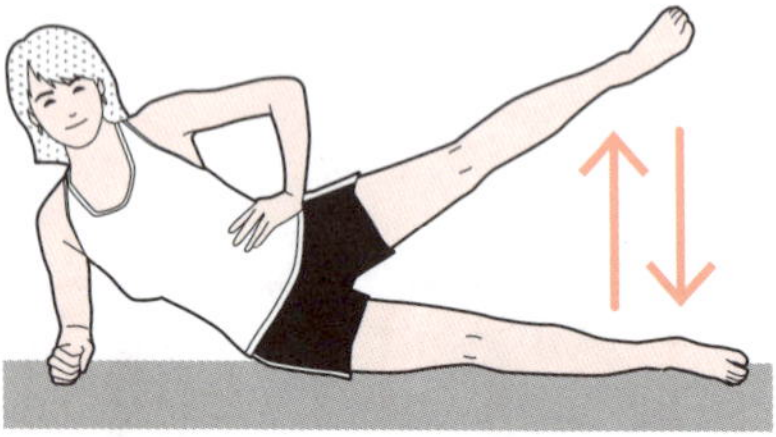

Point

・頭の中で3秒数えながらゆっくり行う

3 最後に、脚を内側から外側方向に、5回大きく回す。

その際、しっかり骨盤を安定させる。
逆側も同じように脚を上下させて回す。

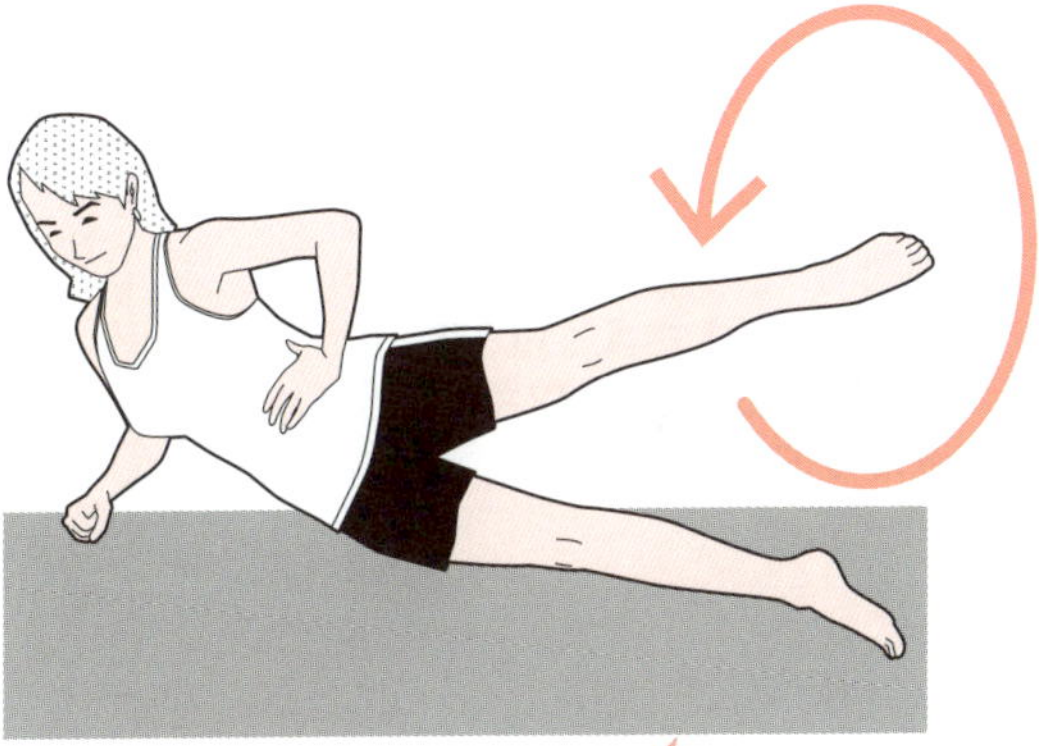

Point

体がブレて後ろに倒れないように、おなかと背中の筋肉で、しっかり骨盤をはさむようにして固定させる

一連の動きを
左右3回ずつ
×
3セット

ここに効く!

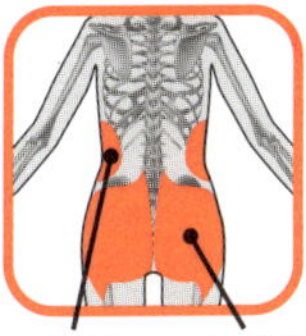

ここに効く!

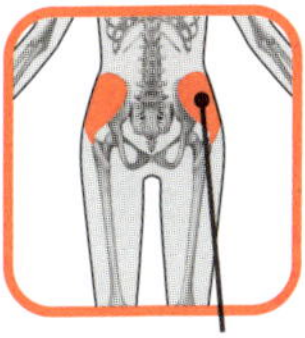

レベル2
体幹トレ
⑦

フロントブリッジ

うつ伏せで「首〜かかと」までの軸を整える。

体で一直線のラインをつくり、体幹全体を強化していく。うつ伏せでまっすぐの姿勢をキープできるようになると、ふだんも背筋がスーッと伸びて、立ち姿勢、座り姿勢のバランスがよくなる。

1

うつ伏せになり、肩の真下でヒジをつく。ヒジから先の腕とつま先で体をささえ、「いち、に い、さん」と頭で3秒数えながら腰を浮かせる。

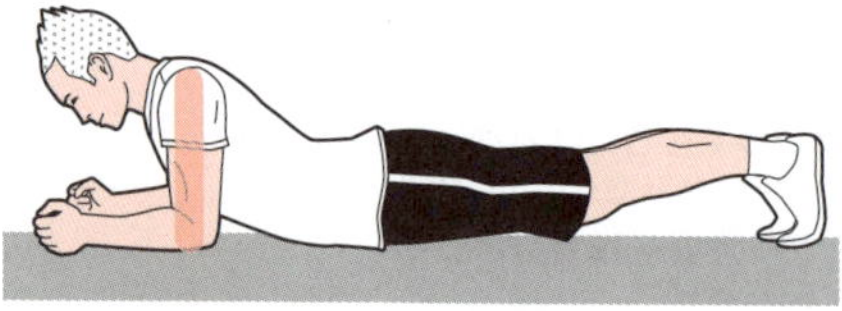

Point
おなかと腰の筋肉で、中心軸をはさむイメージで

2

頭、肩、腰、ヒザ、足首までが一直線のラインになるよう浮かせたら、2秒数えながらおろす。

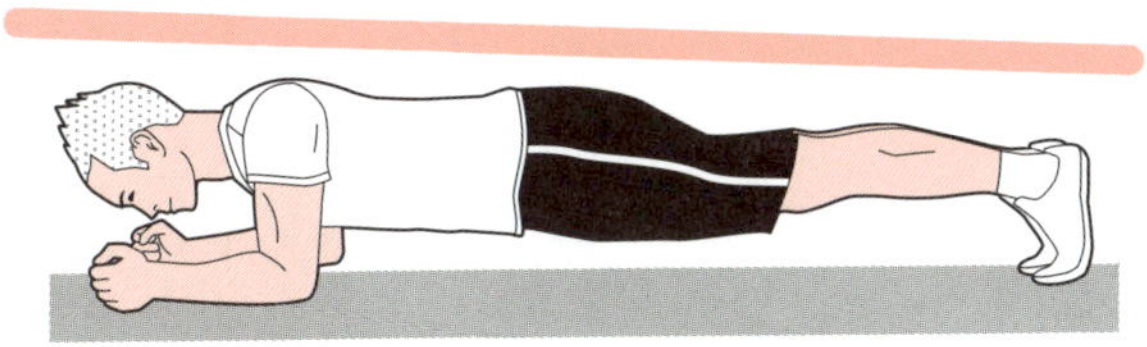

Point

全身を一直線にかためる

ここに効く! ここに効く!

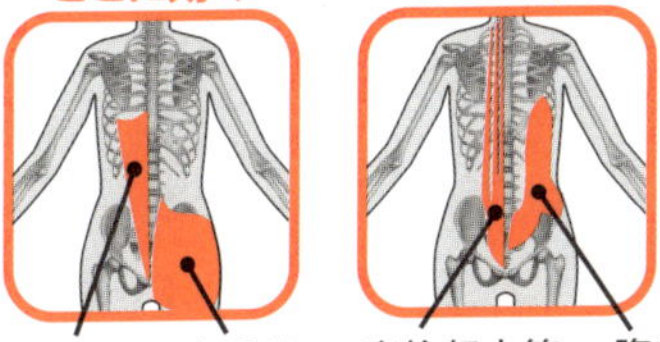

体を上下させる動作を
5回 × 3セット

レベル2
体幹トレ
8

バックレッグサイドリフト

両手両ヒザを床についてやる脚の上下運動で「おしりまわり」を強化。

犬が電柱におしっこをかけるようなポーズで、おなかとおしりを鍛える。下半身が安定すると、スポーツでタックルなどをされても、ふんばりが効く。重要なのは、脚をあげるときの高さ。骨盤の高さくらいがちょうどよく、あげすぎると体がブレて、骨盤がななめに傾いてしまうので注意。

1

両手両ヒザを床につけ、両手両脚は肩幅に開く。

背筋をしっかりと伸ばし、骨盤を安定させる。

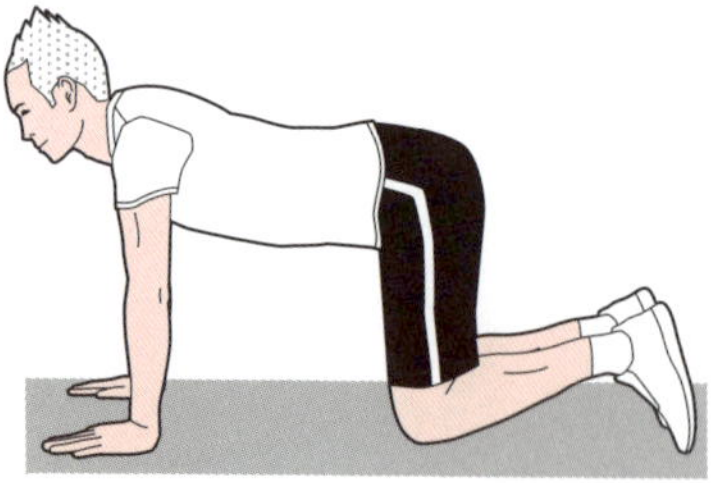

ここに効く!

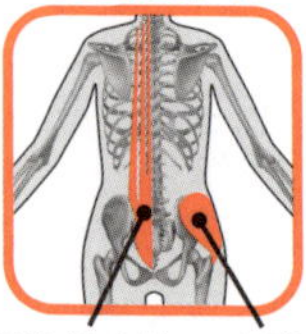

ここに効く!

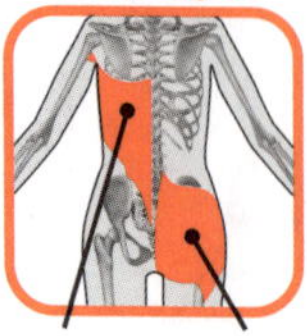

2

ヒザを90度に曲げたまま、片ほうの脚を横に2秒かけてあげる。

正面から見たところ

Point

骨盤は床と水平になるように。傾けない

Point

・骨盤の高さまで脚をあげる
・ヒザは90度をキープ

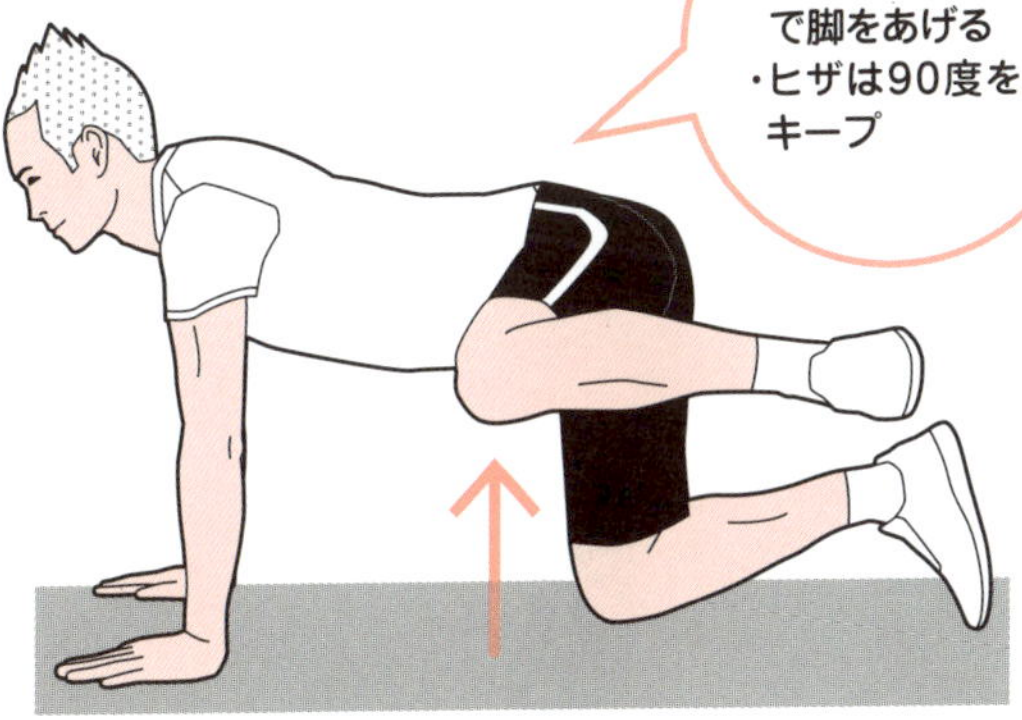

5回 × 左右2セット

3

1秒かけて脚をさげ、そのままゆっくり脚の上下運動を繰り返す。

レベル2
体幹トレ
9

バックキック

形にこだわったキックで「背中とおしり」を鍛える。

これも、両手両ヒザを床につけた姿勢で行う。バックに脚を引きあげる動作で、背中とおしりのアウターマッスルをメインに鍛える。さらに背骨をささえるインナーマッスルも効果的に刺激できる。

1

両手両ヒザを床につけて、肩の真下で両ヒジをつく。

頭はあげずに、首と背中が一直線になる姿勢をとる。

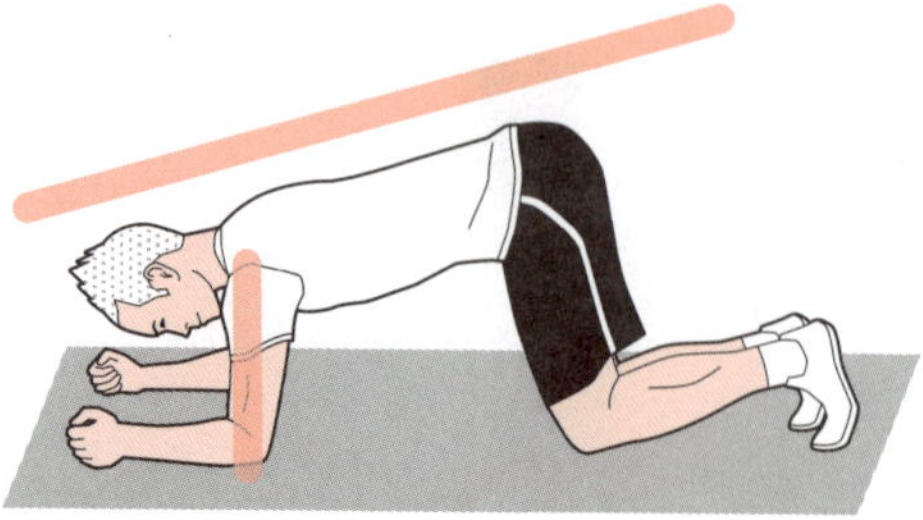

2 片ほうの脚をまっすぐあげて、頭から足先までを一直線に保つ。

5秒キープ。

Point

・背中の延長線上に脚を伸ばす
・脚をあげすぎないように

5秒キープ
×
左右3セット

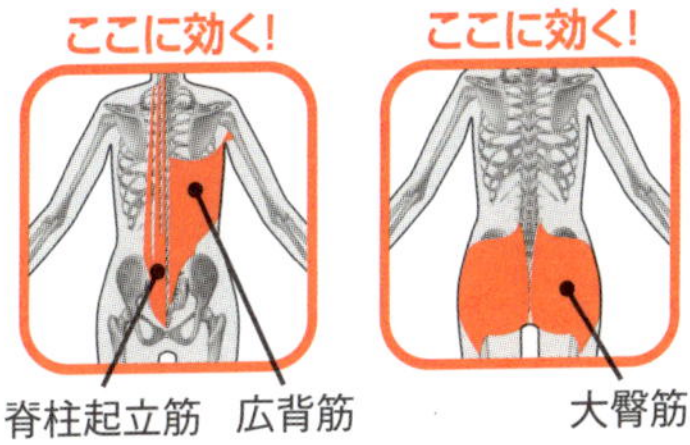

Column 3

成功事例1 「30歳で起業します!」はっきり公言して前進する

1 「大きな夢(=ゴール)」を掲げ、それを繰り返しいう
2 体幹を鍛えて、体も心も強化する

これを実践し、いち早く「快適な人生」を手に入れた事例をご紹介しよう。

メーカー勤務の25歳男性Aさんの口ぐせといえば、「30歳で起業します」と「心身が健康でないと成功できない」。

そこで、毎週末にはサッカーで体を動かし、夢中でボールを追いかけながら仕事のストレスをリセット。入浴後にはストレッチ+体幹トレーニングを欠かさず、1年後、3年後、5年後……と、ここ10年の中間目標をどんどん達成しながら、起業という大きな目的地へと着実に進んでいる。

はたから見ていてもAさんの意思の強さは頭がさがるほどで、**体幹を鍛えるほど、ゴールへ近づくスピードも、集中力も高まっているのが、よくわかる。**

仮に、今は頭の中に具体的な起業プランがなかったとしても、体幹を鍛えていれば野性的な勘が目覚め、描いた未来を実現するプランがわいてくるものだ。

Chapter 6

実践！レベル3 体幹トレーニング

——インナーとアウターを連動させて、全身パワーアップ

レベル3では、内と外の体幹の連動性を高めていく。脚や腰をひねる大きな動作を加えることで、首からももまでのつながりはグッとよくなる。

レベル3 体幹トレ・リスト

各メニューの詳しいやり方は次ページから説明していく。

① ドローイン Vクランチ

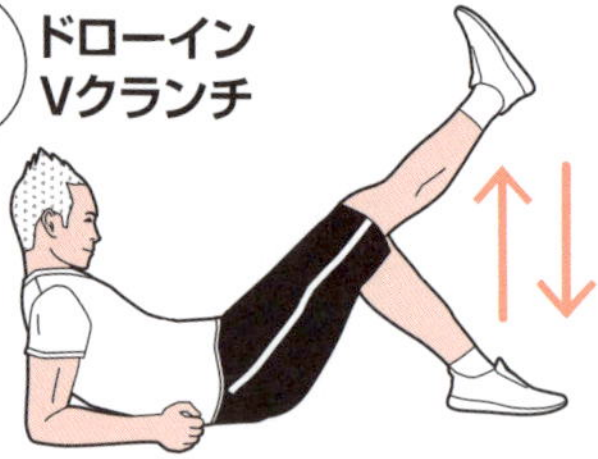

② 連続クランチ

③ フルサイドブリッジ

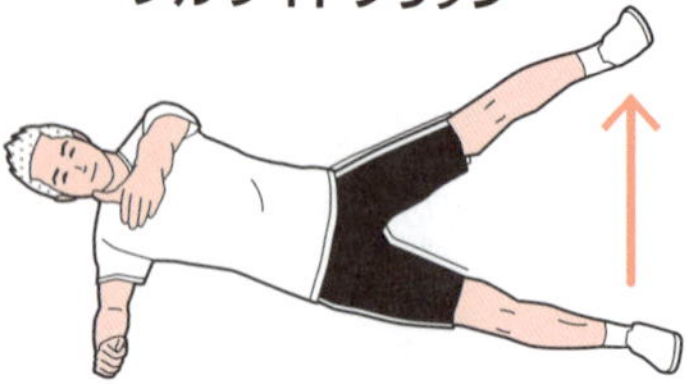

④ クロスクランチ

5 ツイストクランチ

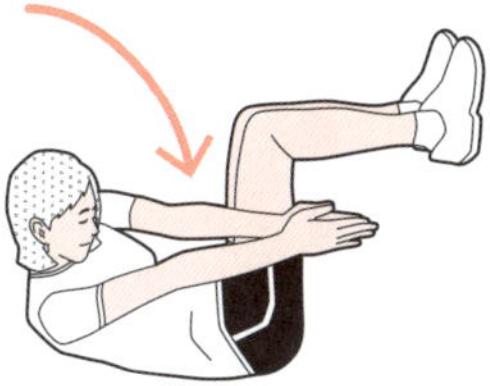

6 ダイアゴナル

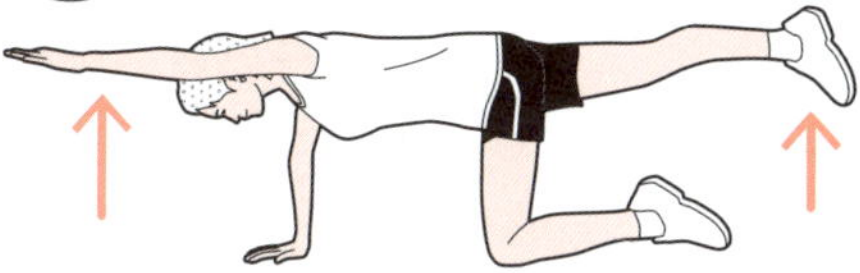

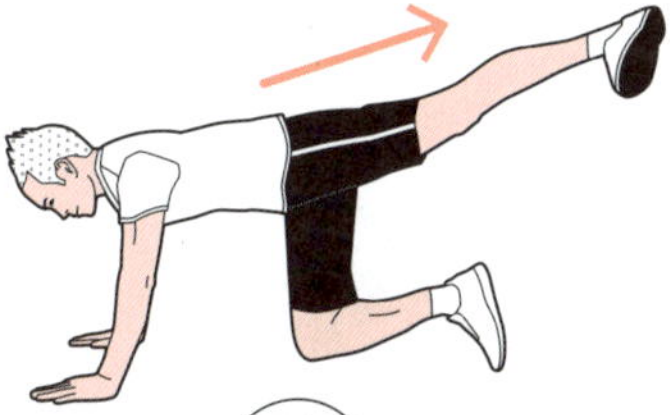

7 バックニーキック

8 腕伸ばしツイスト

レベル3
体幹トレ
①

ドローイン
Vクランチ

脚でV字をつくって「おなかの前面」を鍛える。

おなかまわりの筋肉の連動性を高めるトレーニング。ドローインでおなかの筋肉をかためて、体がV字になるように脚の引きあげ運動をするのがコツ。繰り返しやっていると、インナーの大腰筋とアウターの腹直筋下部のつながりが、グンとよくなる。

1

仰向けになって上体を起こし、肩の真下でヒジをついて片ほうのヒザを立てる。息を大きく吸っておなかを凹ませ、ドローイン。

そのままキープ。

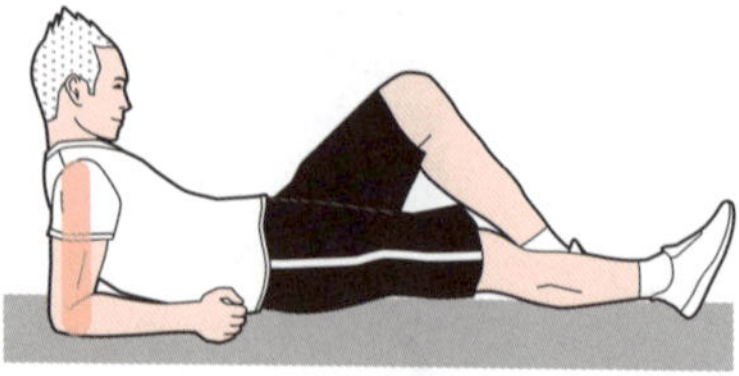

Point
骨盤を床におしつけて安定させる

2 片ほうの脚を、立てたほうのヒザの高さまでゆっくりあげたら、床上ぎりぎりのところまでゆっくりおろす。

ドローインしたまま、
上げ下げを10〜20回繰り返す。

Point
・骨盤は床から浮かさない
・ドローインで、おなかをしっかり、かためる

脚の上下運動を
10〜20回
×
左右3セット

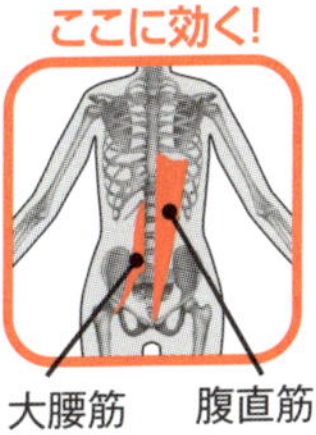
ここに効く!
大腰筋
腹直筋

レベル3
体幹トレ
②

連続クランチ

ちょっとハードな腹筋で「おなかの前面」を強化。

両腕を組んで行う腹筋運動で、おなか前面のアウターマッスルを連続的に刺激する。姿勢が悪いと効果が半減してしまうので、まずはカタチをきちんと覚えよう。骨盤と足裏を床から浮かさないようにすると、腹斜筋や腹直筋が効果的に鍛えられる。

1

仰向けに寝て胸の上で両腕を交差させて組み、ヒザを立てる。

脚は骨盤の幅に開き、足裏はピッタリと床につける。

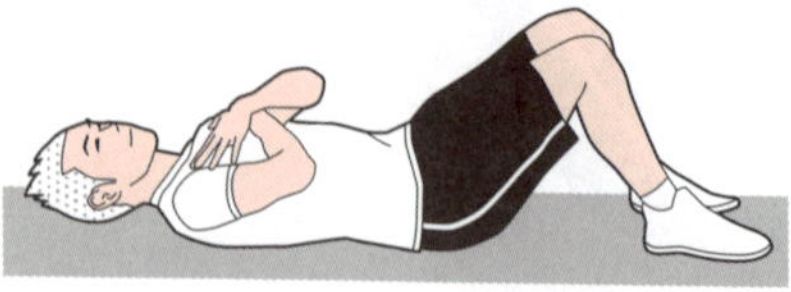

2 おなかを丸めながら、ゆっくり上体を起こしていく。

顔をおへそに近づけるイメージで。
ただし骨盤まで浮かさないように注意。
(*やりづらければ、手を伸ばしたままでもOK)

上体を元に戻す。

10〜15回繰り返す。

Point

- 足裏が浮かないように
- おなか前面の筋肉に意識を向ける

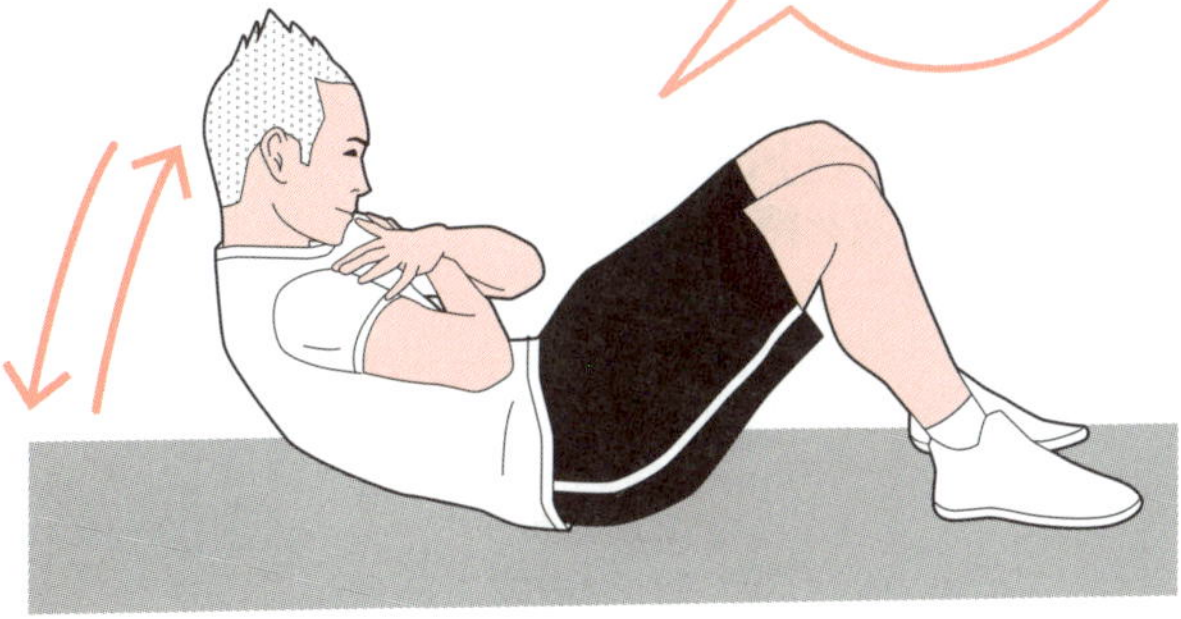

10〜15回
×
2、3セット

ここに効く!

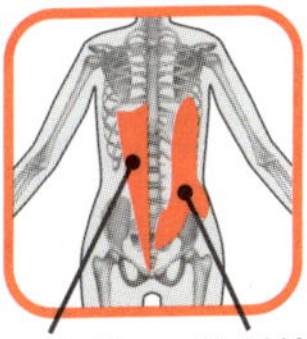

腹直筋　腹斜筋

レベル3
体幹トレ
③

フルサイドブリッジ

骨盤を持ちあげ「背中〜太もも」の体幹バランスを整える。

脇腹を中心に、背中、おしり、太ももまでの筋肉をトータルで鍛える〝最強のトップアスリート向けメニュー〟。これが震えたりグラついたりすることなく、安定してできれば、体幹バランスは上級レベル。

1 床に横向きになって、肩の真下に片ヒジを置き、上体をささえながら体を1本の棒のように固定する。

もう一方の手は、腰にそえる。

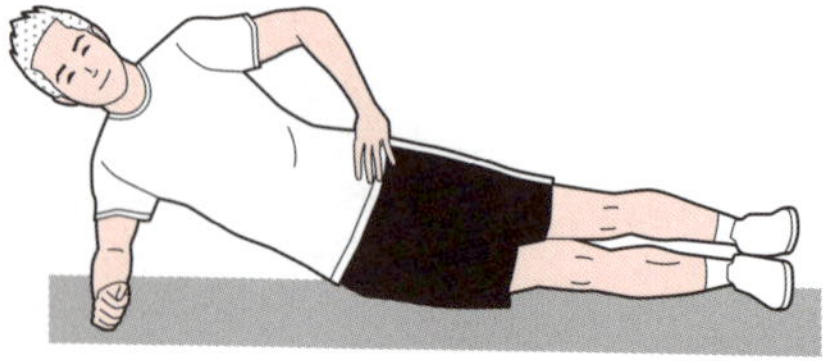

2 ヒジで上体をささえながら骨盤を持ちあげる。

あご、おへそ、足首を一直線に保つ。

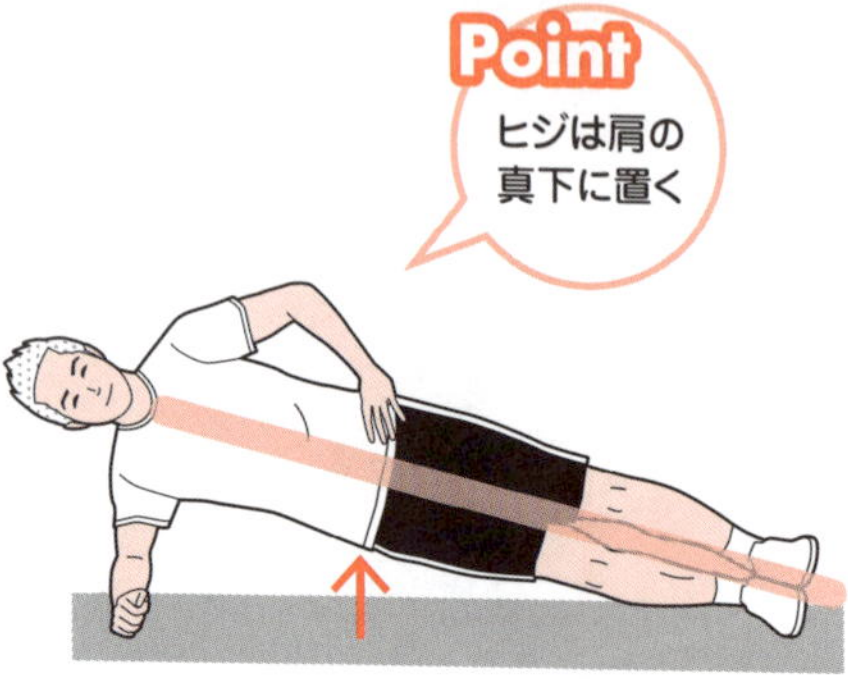

3 骨盤がブレないように気をつけながら脚をあげて10秒キープ。

腰に当てていた手は、前に伸ばして床と水平に。腕を伸ばして、脚をあげて不安定になった状態でも、体が一直線になるよう、骨盤をしっかり浮かせることが大事。

10秒キープ
×
左右3セット

Point

・骨盤がさがりすぎないように
・真上から見たときに、体が前後に倒れていないか注意

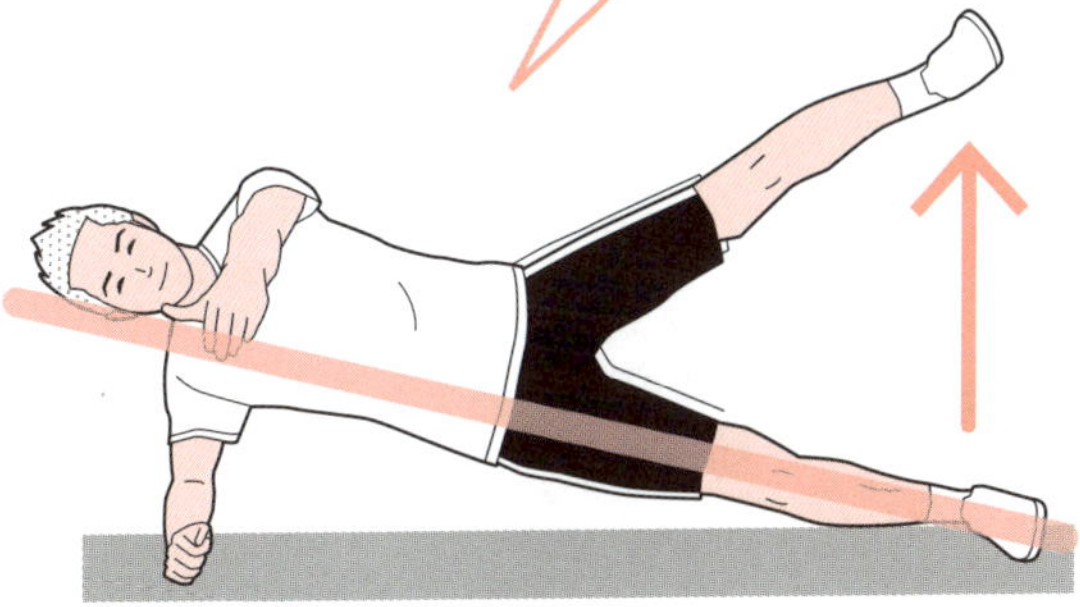

ここに効く!

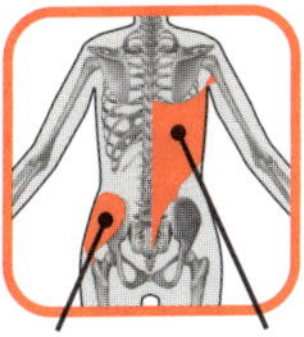

中臀筋　広背筋

ここに効く!

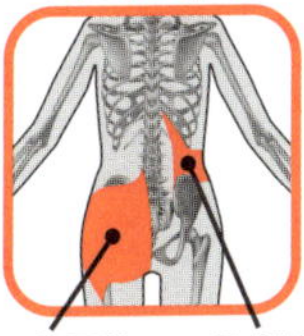

大臀筋　腹横筋

ここに効く!

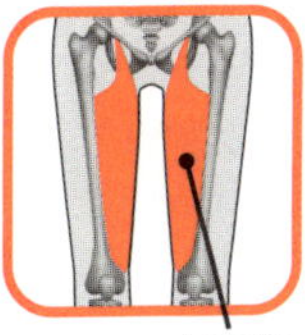

内転筋

レベル3
体幹トレ
④

クロスクランチ

ヒザとヒジをくっつける動作で「脇腹」を鍛える。

野球のピッチャーの投球動作を鍛えるトップアスリート向けメニューだが、カンタンな動きなので、一般の人の腹筋トレーニングとしても有効。軸がブレないように脇腹をひねり、ヒザとヒジをタッチさせる。この大きな動作で、インナーの大臀筋と、おなかまわりにテキメンの効果が。

1

仰向けに寝て
片ほうのヒザを立てる。

ヒザを立てた脚と反対側の手を頭の下に置く。手のひらは頭側に向けて。もう一方の手は、手のひらを下にして床につけたまま真横に伸ばす。

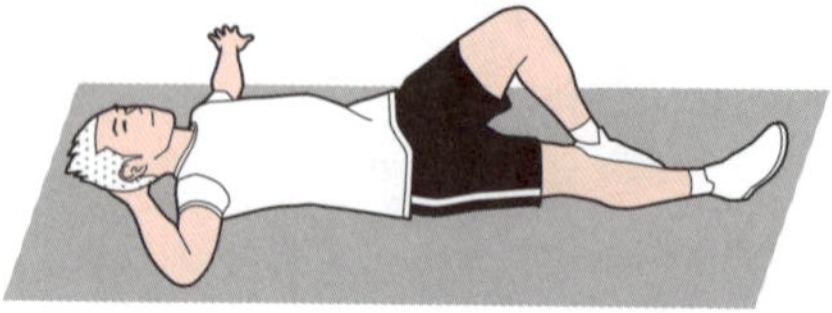

2

ヒザを立てた脚をおへその上まで引きあげ、上体をひねりながら起こして、ヒザと反対側のヒジを寄せてタッチさせる。

そのまま3秒キープしたら、
上体を元に戻す。
5回繰り返し、反対側も
同様にする。

Point

・腰と骨盤が浮かないように注意
・スローな動作でさらに負荷があがる

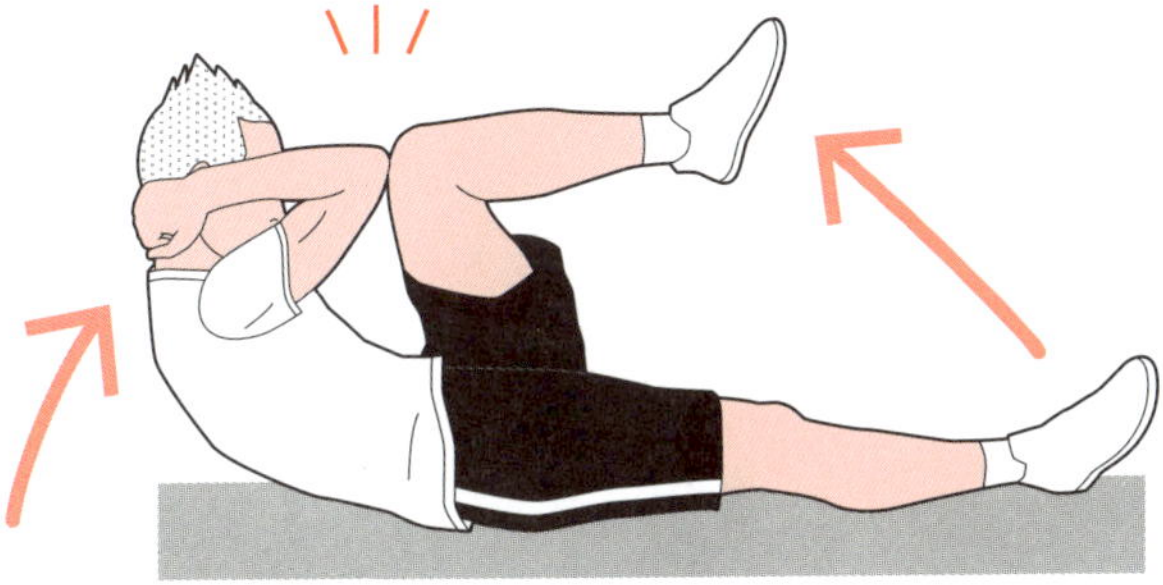

5回繰り返し
×
左右2セット

ここに効く!

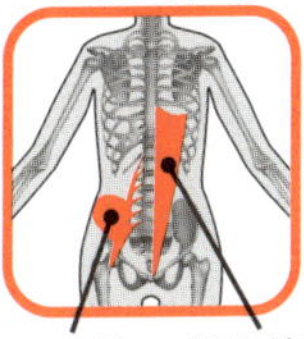

腸腰筋　腹直筋

ここに効く!

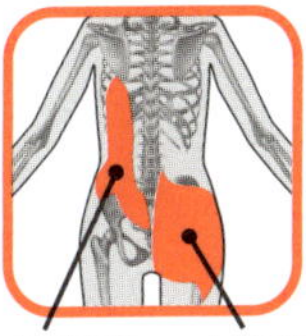

腹斜筋　大臀筋

レベル3
体幹トレ
⑤

ツイストクランチ

上体をひねる動作がスムーズに。

野球のピッチャーは、球を投げるとき、上体をひねって使う。そのおなかまわりの筋肉を強化するためのトレーニングが、コレだ。ここがスムーズになれば、下半身で生みだされたパワーを、増幅して腕に伝えられるようになる。日常のひねる動作もスムーズに。

1

仰向けに寝て両脚をあげ両ヒザをつけて90度に曲げる。

両手のひらを合わせて、
両腕をまっすぐ上に伸ばす。

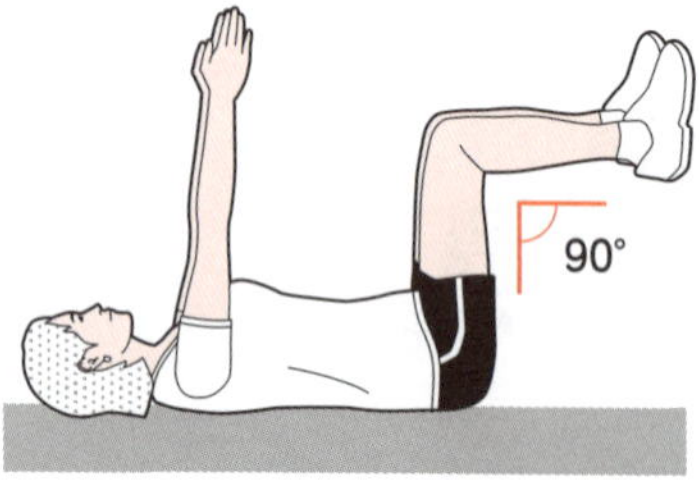

2

**ヒザをあげたまま、
上体を起こし、ひねって3秒キープ。**

腕だけ動かすのではなく、
肩甲骨をしっかり
あげるのがコツ。

Point

- 骨盤は固定したまま
- おなかから上体をひねる

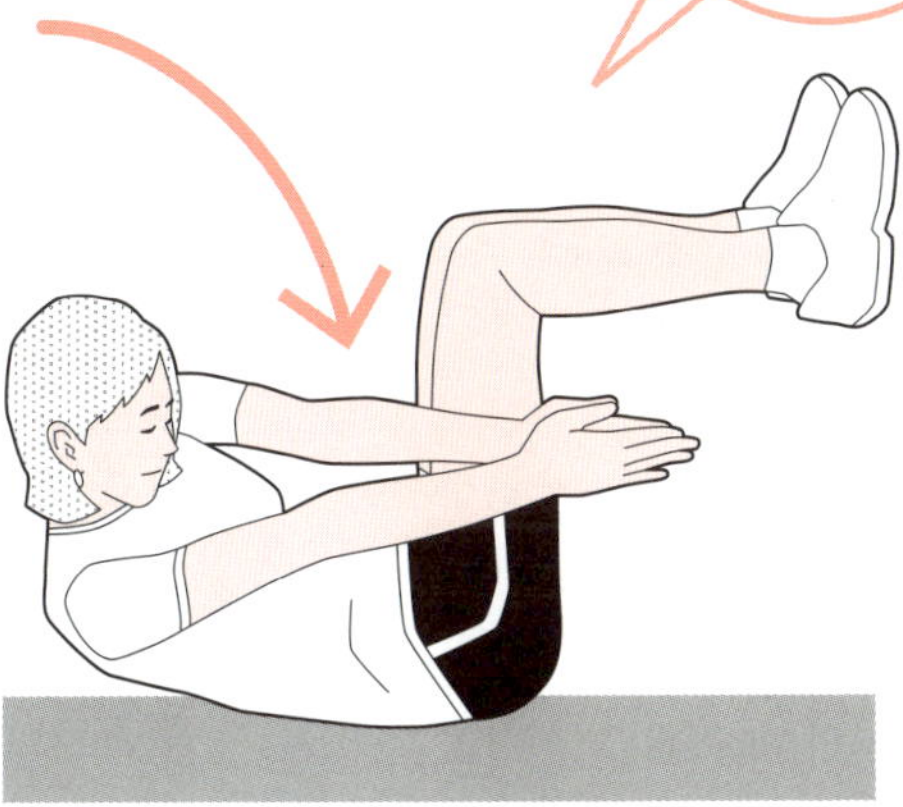

左右交互に
5セット

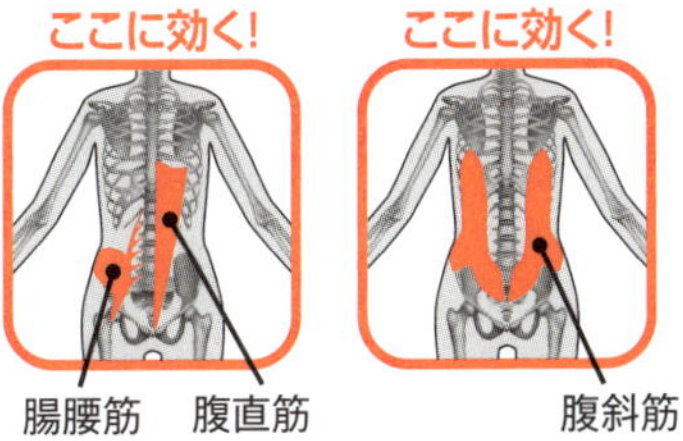

レベル3
体幹トレ
⑥

ダイアゴナル

一直線のラインを保ち、「背中、腰、太もも、太もも内側」まで総合的に鍛える。

背中から臀部、太ももまでを刺激して全身のバランスアップ、筋力アップをはかる強力メニュー。理想は、手の先から、頭、背筋、つま先までまっすぐ一直線に伸ばすこと。腕と脚の高さが不ぞろいだと、腰に負担がかかってしまう。瞬発力、ジャンプ力、投球力アップにも効く。

1

両手両ヒザを床につけて両手は肩幅に開き、背筋をよく伸ばす。

顔は下に向けて。

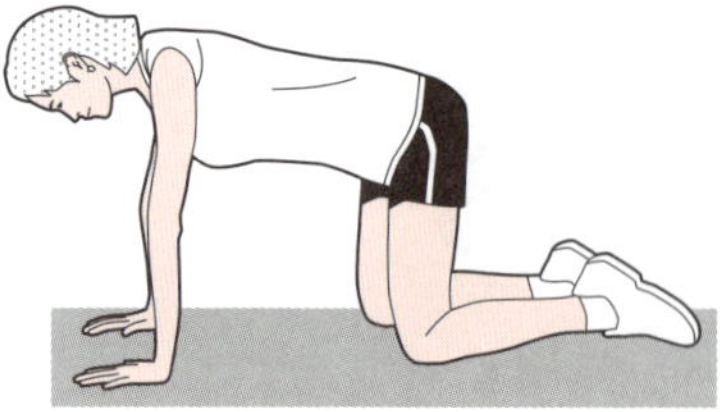

2 片ほうの腕と逆側の脚をあげて耳の高さでまっすぐ伸ばす。

2秒であげ、1秒でさげる動作を
5回繰り返す。

2を
左右3セット

Point
・指先からつま先まで一直線に伸ばす
・上体がブレないよう、腕と脚でしっかりささえて固定

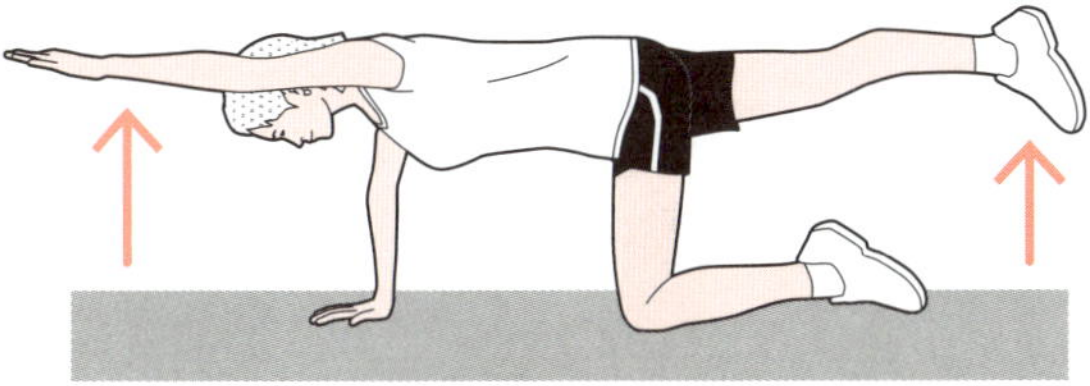

ここに効く!

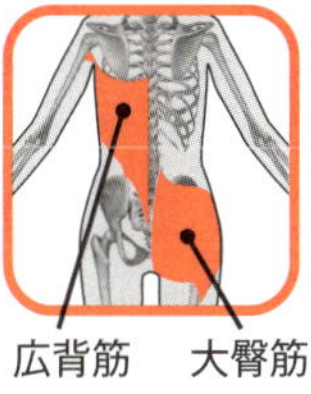

ここに効く!

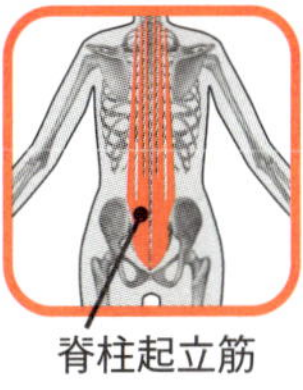

ここに効く!

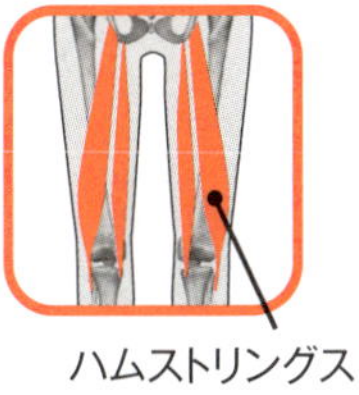

レベル3
体幹トレ
⑦

バックニーキック

キック力を高める動作で「おなか」と「おしり」を鍛える。

スポーツマンに求められるキック力、ジャンプ力が軒並み向上するトレーニング。「キック」するイメージで脚を伸ばすと、背中とおしり、さらにはおなかの横やももの裏側まで鍛えられる。瞬発力が高まるので、走りも力強くなる。

1 両手両ヒザを床につく。両手は肩幅に開いて肩の真下に置く。
背筋はまっすぐ伸ばす。

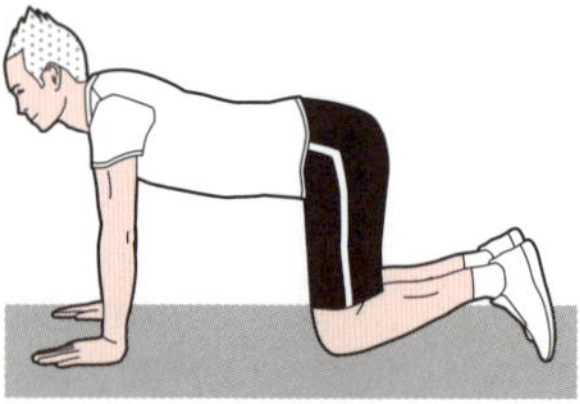

2 片ほうの脚をあげ、ヒザを曲げたまま脇腹の近くに引きつける。
骨盤が傾かないように。

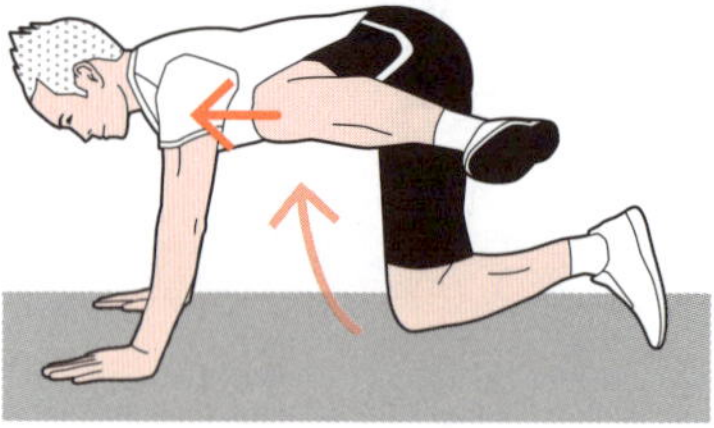

正面から
見たところ
骨盤が
ななめに
傾かないように

3 引きあげた脚を蹴りあげるようにして伸ばす。

脚をあげすぎると骨盤が傾いてしまうので注意。
1の姿勢に戻って5～10回繰り返す。

5～10回
×
左右3セット

Point

- 脚を伸ばしたときヒザが落ちないように
- 「引く」「伸ばす」の動きはゆっくりと
- 下半身がブレないように注意

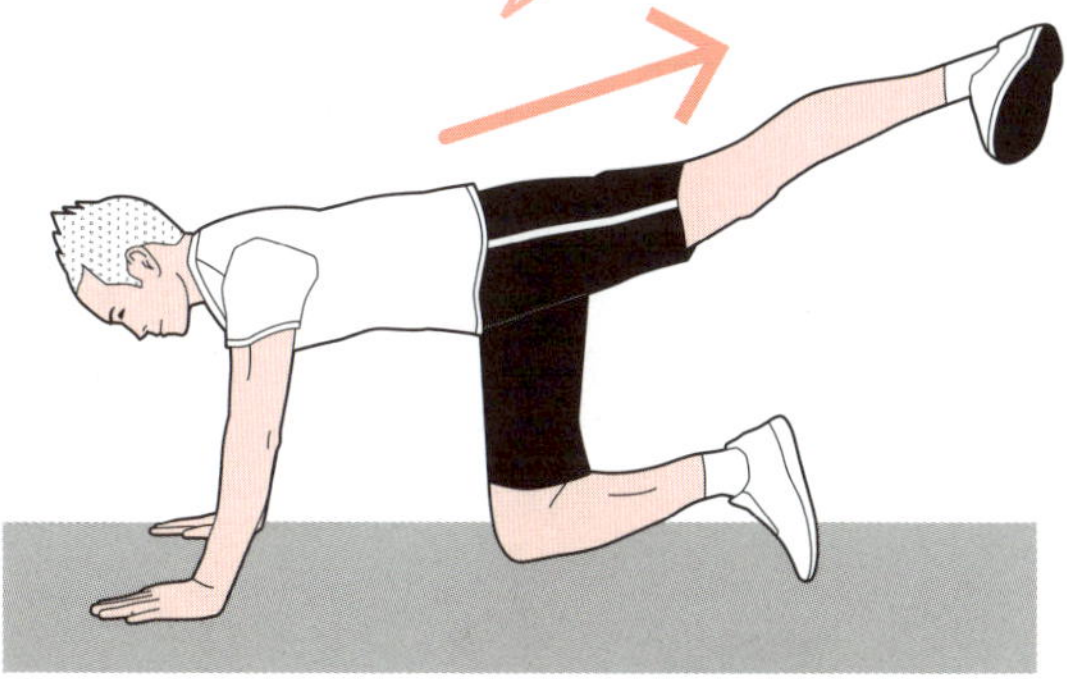

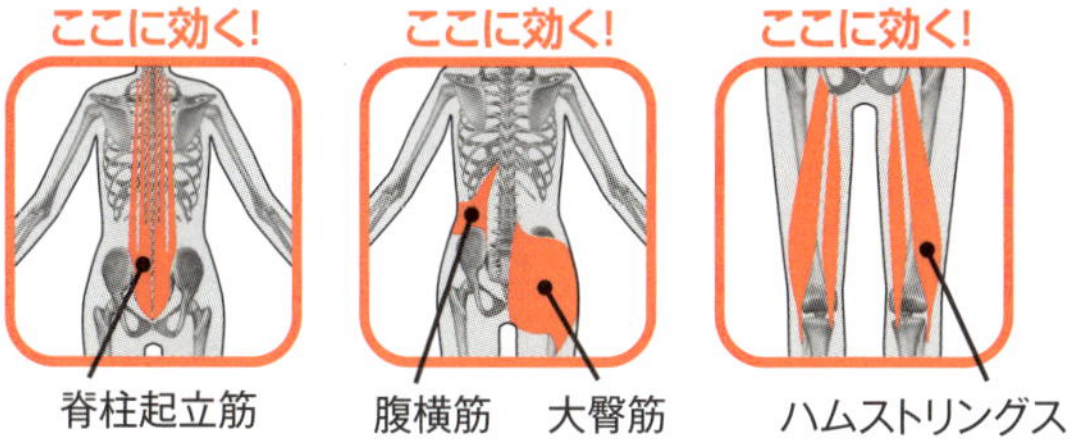

レベル3
体幹トレ
⑧

腕伸ばしツイスト

「上半身（横腹）」を鍛えるツイスト運動、でゴルフも上達。

ゴルフをやる人に最適な運動。軸を安定させながら上体だけねじると、おなか横の筋肉によく効く。続けていると、スイングしたとき、やりやすさや軸の強さを実感できるだろう。ターゲットの筋肉に意識を向けて。

1

脚を前後に開いて
骨盤を安定させ、
両腕を前に伸ばして
手のひらを合わせる。

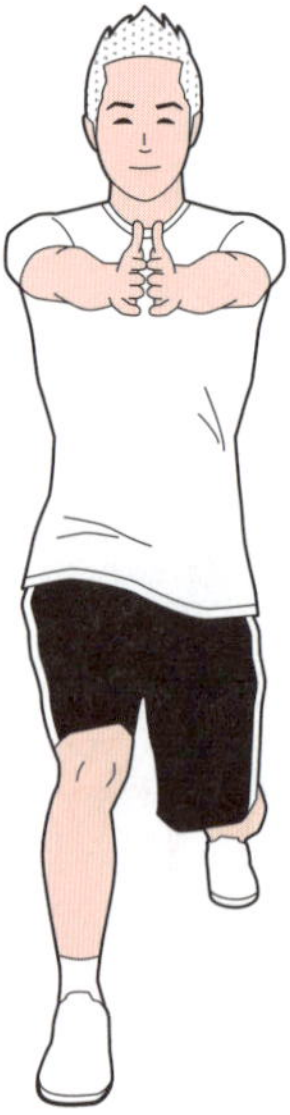

2

ヒザと骨盤を固定し、腕を左右に動かす。

顔は正面を向けて、動かさない。

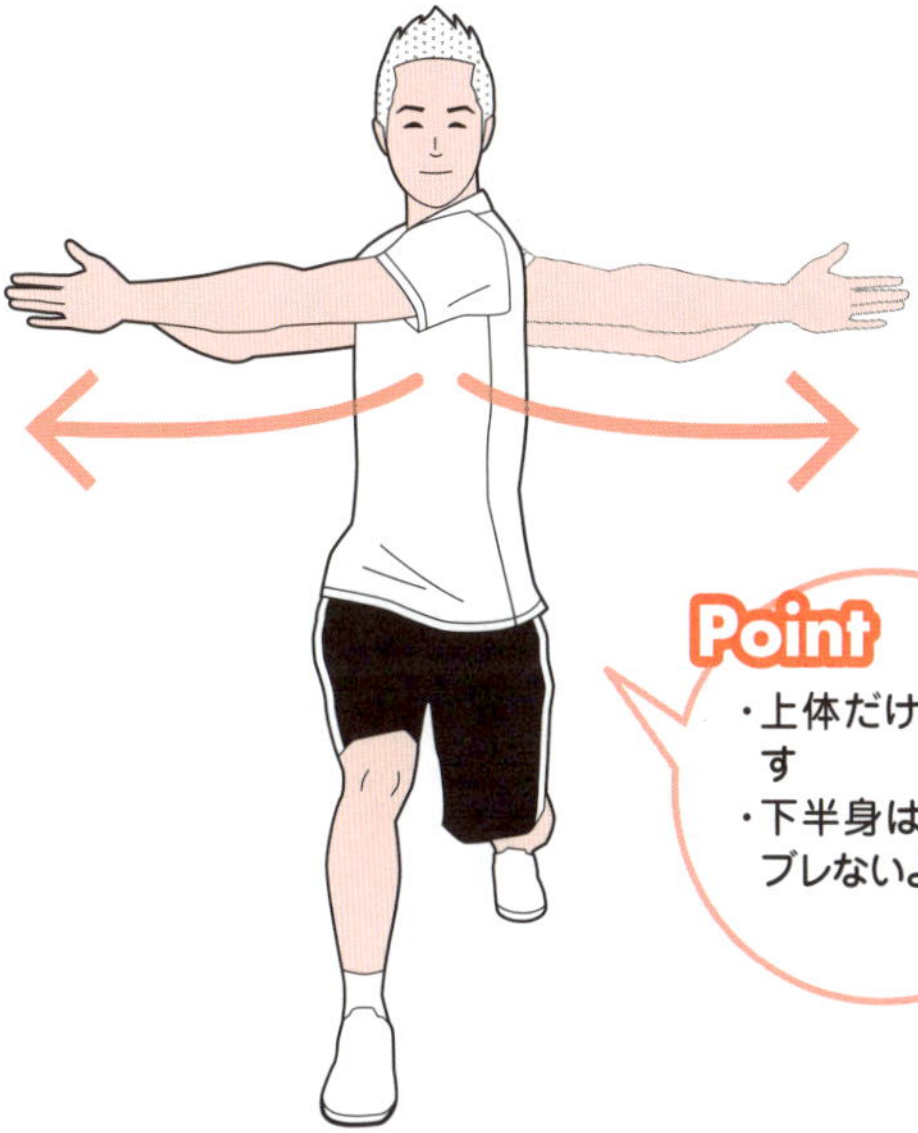

Point

・上体だけを動かす
・下半身は固定しブレないように

往復20回
×
脚を変えて
2セット

ここに効く!

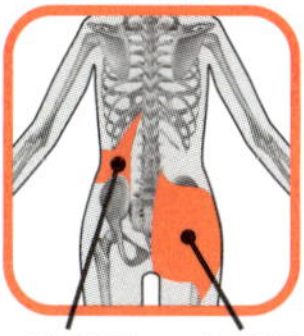

ここに効く!

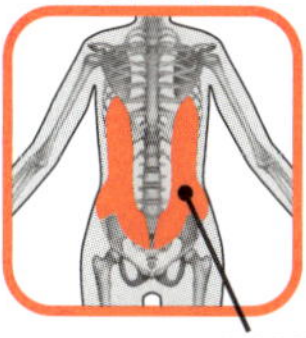

成功事例2　目標の年収に向かって、まっしぐらに走る！

証券会社勤務の30歳男性Bさんも、体幹を鍛えて「人生が変った」と証言する。**彼は入社2年目に酒の飲みすぎから、みるみる12キロ太った。**腹がせりだした自分の写真を見て、一念発起。学生時代にかじったジョギングを再開した。帰宅後に30分～1時間のランニングが日課になると、体がしまって自信がわき、体幹トレーニングにも挑戦。仕事中も腹を凹ませる「ドローイン」を意識しながら生活した。やがて、体幹を使って走るコツが身につき、以前よりずっとラクに、長く楽しく走れるようになったという。

ちょうどそのころ、仕事では年収1・5倍も実現！　今では「フルマラソン出場」と「年収3倍アップ」を目標に、走り続け、着実な手応えを感じているという。目標に向かって走り抜く推進力が身についたのだ。

「健康な体は目標を達成しやすく、年収があがる」という京都大学（平成18年度内閣府経済社会総合研究所委託調査）の調査報告もある。逆に、当然かもしれないが、体力がおとろえ、病気になると年収がさがる傾向も見られる。

Chapter 7

実践！ レベル4 体幹トレーニング

――「ちょいキツ」が最高に効く！ 人生が変わる！

レベル4は、トップアスリートも実践しているハイレベルメニュー。レベル1〜3を飛ばして、いきなり挑戦するのはNG！ だが、いずれ挑戦する目標として見ておこう。

レベル4 体幹トレ・リスト

各メニューの詳しいやり方は次ページから説明していく。

① 脚あげサイドブリッジ

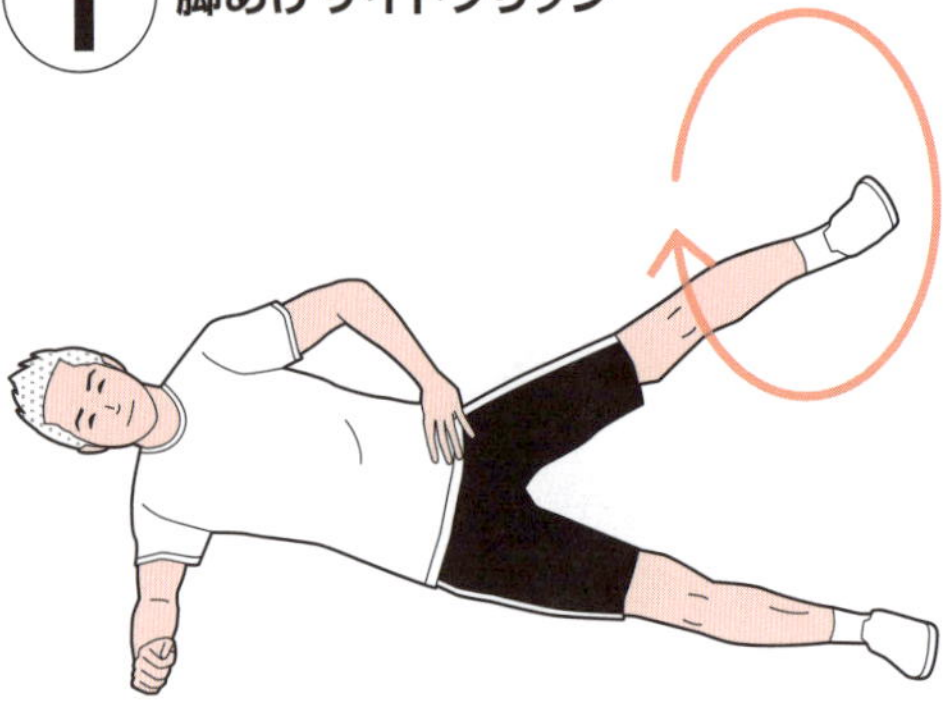

② Vクランチ

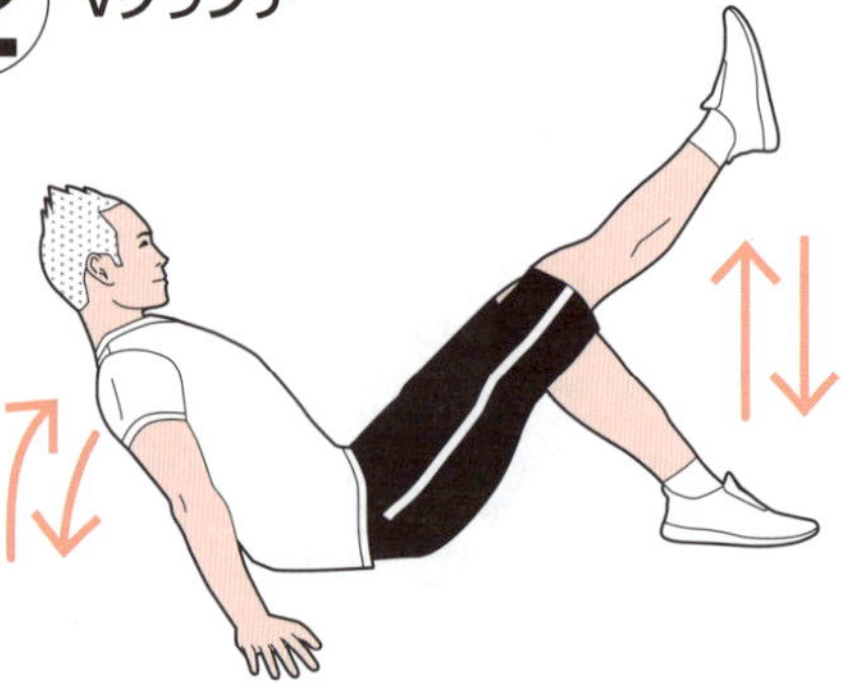

③ 片手フロントブリッジ

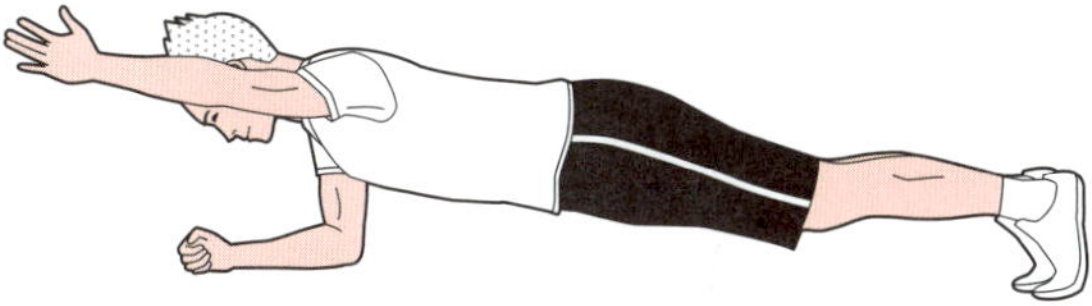

④ ニーアップフロントブリッジ

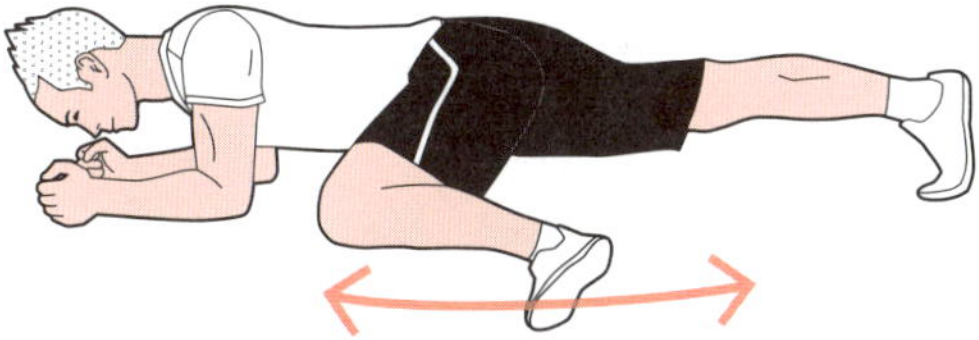

レベル4
体幹トレ
①

脚あげサイドブリッジ

脚で大きな円を描いて「ワキ腹」を強くする。

ある程度の体幹力がついたら試してみたいトレーニングのひとつ。脇腹の筋肉が強化されている人ほど、速く、しかも、きれいな円を描くことができる。やってみて体がグラついてしまったら、前のレベルに戻り、体幹力を高めてから再チャレンジ。

1

床に横向きに寝て肩の真下にヒジをつく。

一方の手は腰に当て、骨盤は床につけておく。

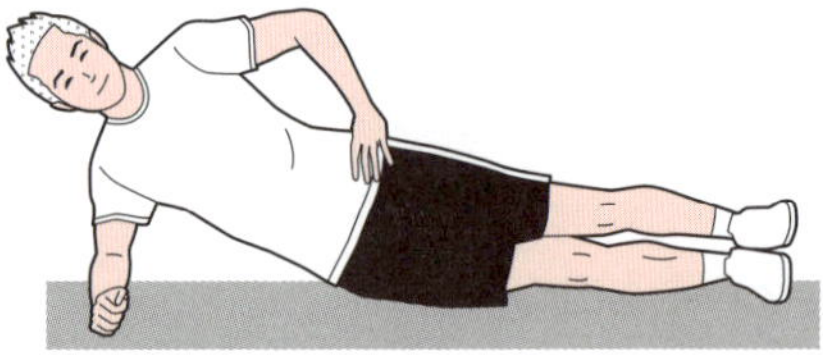

2 骨盤を浮かせて脚をパッと開き、あげたほうの脚で外回りの真円を10～15回描く。

Point

- 足は肩より高くあげる
- 骨盤がブレないように
- ドローインでおなかまわりをかたくして、安定させる
- 太もものつけ根から、きれいな円を描く

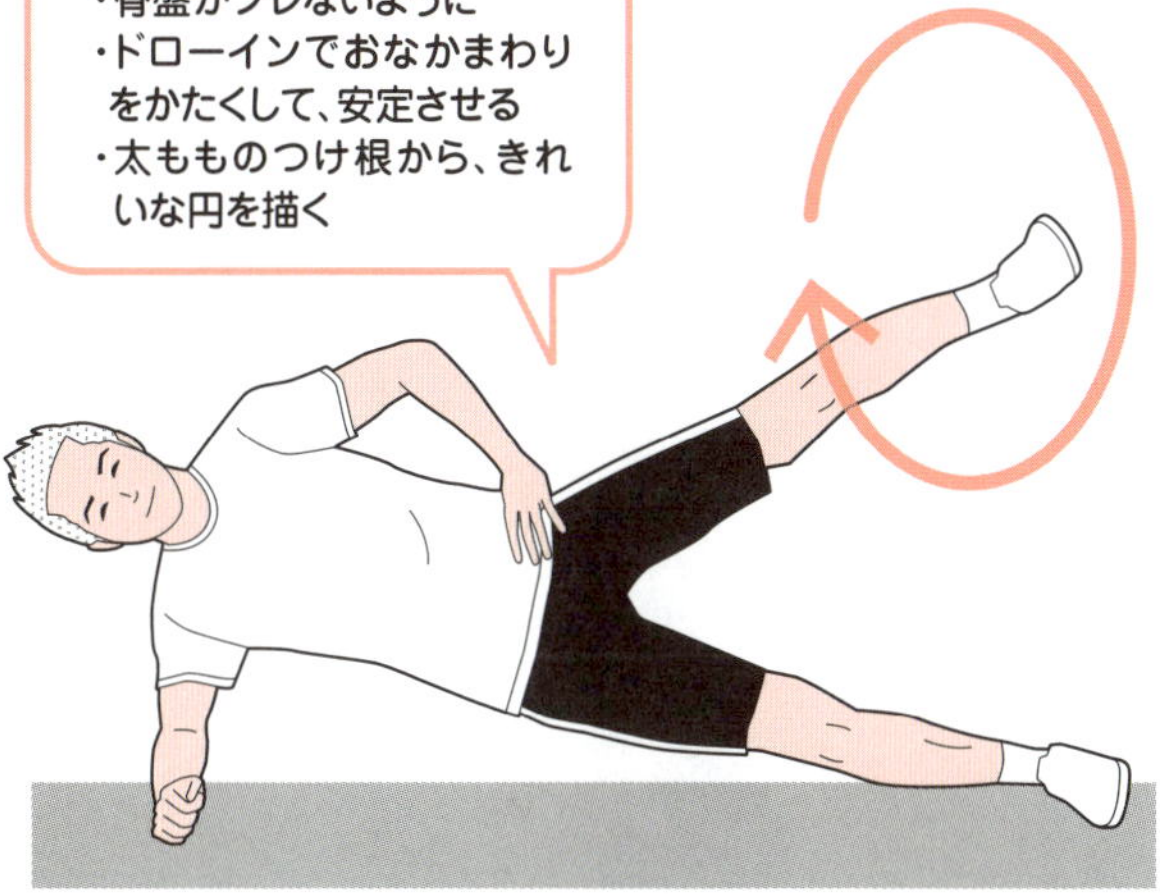

左右
10回転ずつ

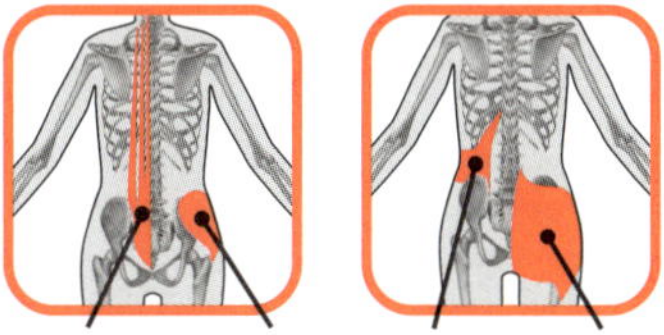

レベル4
体幹トレ
②

Vクランチ

上体と脚でつくるV字スタイルで「おなか」を鍛える。

上体と脚を同時に持ちあげてV字をつくる体幹トレーニング。体幹の連動性をさらに高めるのがねらいだ。おなかまわりの体幹が鍛えられていると、ブレずにきれいなV字が描ける。「おなかで立ちあがる」くらいのイメージでやるのが上達のコツ。

1

仰向けに寝て、片ほうのヒザを90度に曲げて立てる。

両腕は手のひらを下向きにして、ななめ45度に開く。

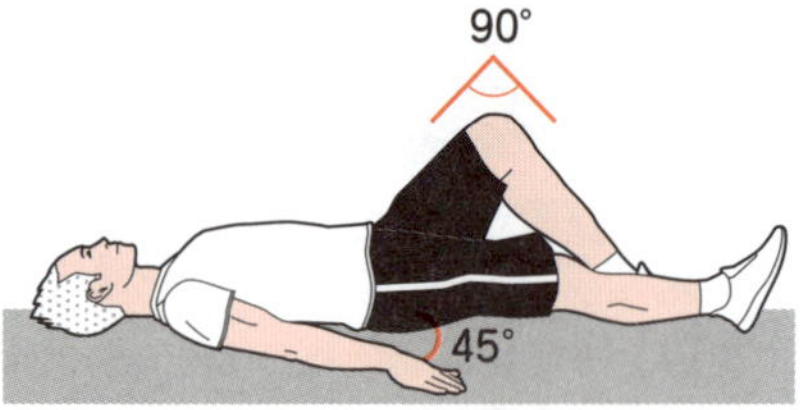

2 上体とヒザを曲げていないほうの脚を同時に持ちあげ、V字をつくる。

上体は、ヒザの高さまで持ちあげる。
上体と脚の上げ下げを10〜20回。

Point

- おなかをかためる
- 上体と脚できれいなV字をつくる

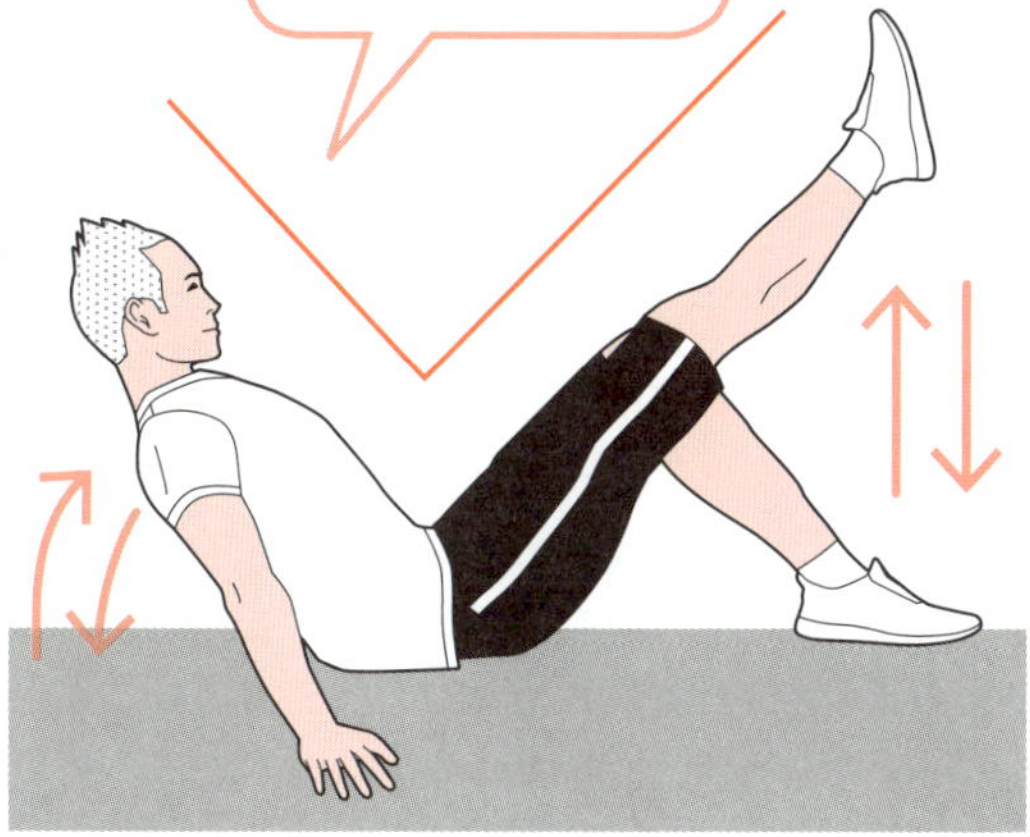

2の上げ下げを左右10〜20回×2セット

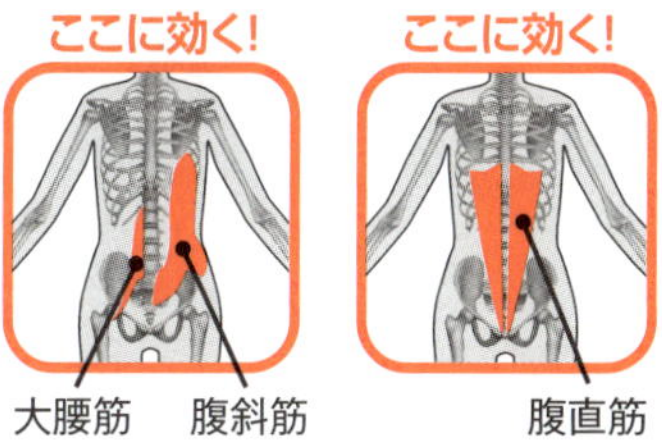

レベル4
体幹トレ
③

片手フロントブリッジ

片ほうの手で体をささえながら「体幹全体」の連動性を高める。

このトレーニングは、長友選手もよく実践している。うつ伏せで上体を起こした姿勢から、片ほうの手をパッと前にだし、もう一方の腕でバランスをとりながら、体で一直線のラインをつくる。体幹部全体の強化に最適。

1

うつ伏せになって肩の真下で両ヒジをつき、胸から上を起こす。

脚は骨盤の幅に開く。

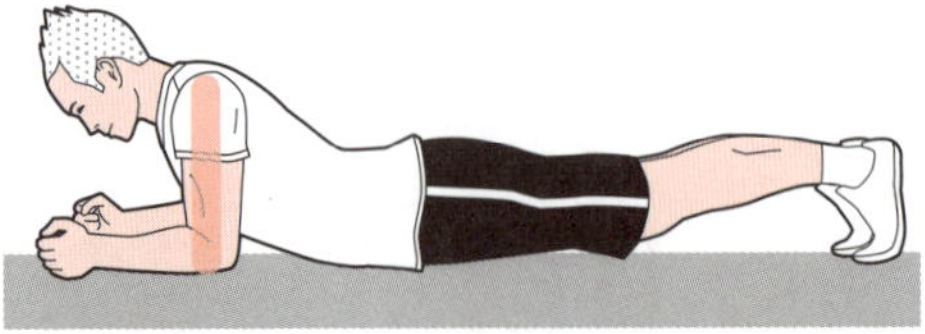

2 骨盤と片ほうの腕をいっしょに持ちあげ、腕はまっすぐ伸ばす。指先からかかとまでが一直線になるようにしてキープ。

2秒で持ちあげ、1秒でおろす動作を左右5回。

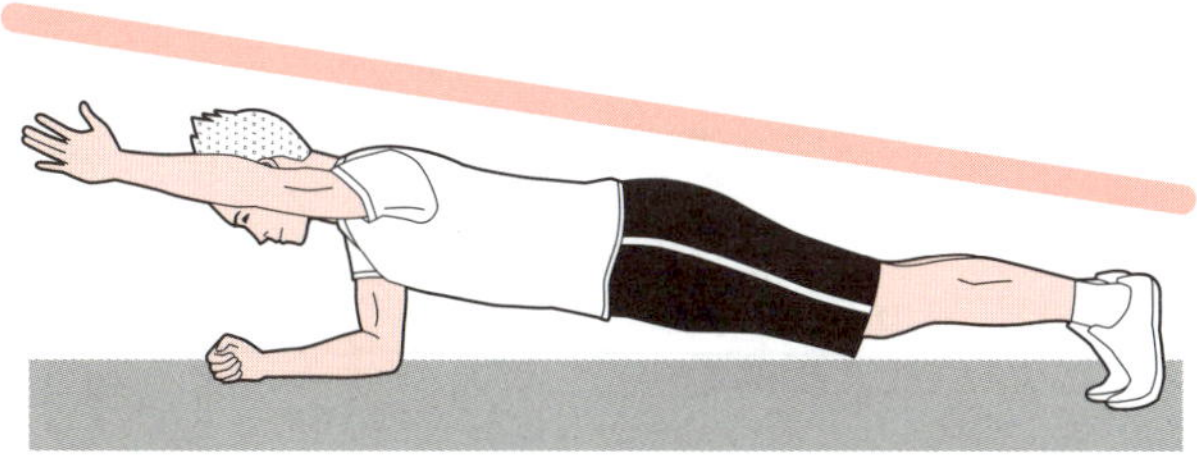

Point

- 骨盤がブレないように安定させる
- おしりをあげない

左右5回
×
2セット

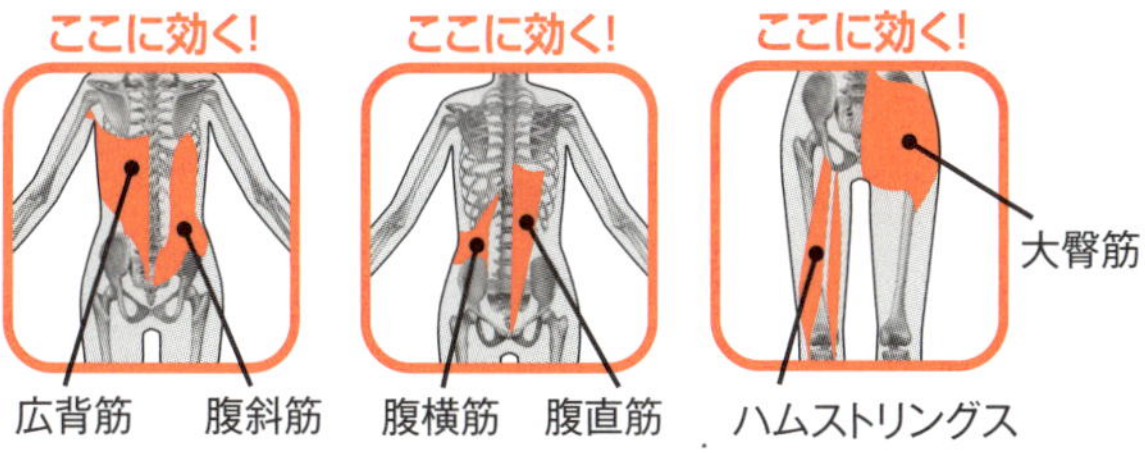

レベル4
体幹トレ
④

ニーアップフロントブリッジ

フロントブリッジ＋脚の引き上げ動作で、体幹全体を鍛える！

一度に体幹全体を刺激する、体幹トレの決定版。ヒジとつま先でささえて体を浮かせる「フロントブリッジ」という動作に、脚の引き寄せをプラス。このダブル効果がすごい。インナーの腹横筋、脊柱起立筋、アウターの広背筋、腹直筋など体幹部が広範囲で刺激でき、脚の動きとともに大腰筋、腹斜筋との連動性も高まる。

1

うつ伏せになって肩の真下にヒジを置き、脚は骨盤の幅に開く。
そのままヒジとつま先でささえながら体をぐっと浮かせる。

骨盤がブレないように注意。

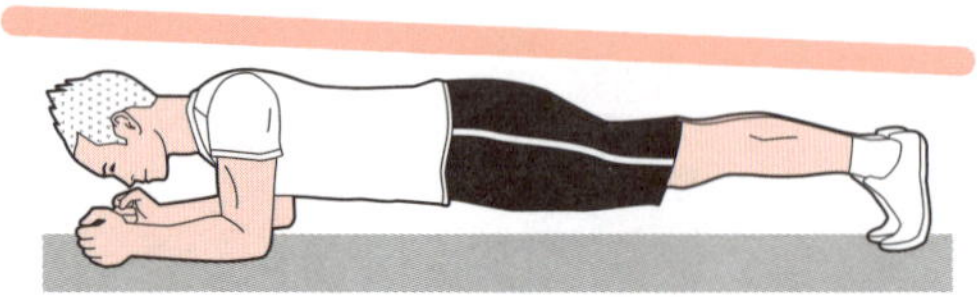

2

**体を持ちあげたまま、
一方の脚を体幹部に引きつける。**

脇腹がしまるのを感じながら
リズムよく動かすこと。
ラクにやろうとしてヒザをさげると、
効果が半減。

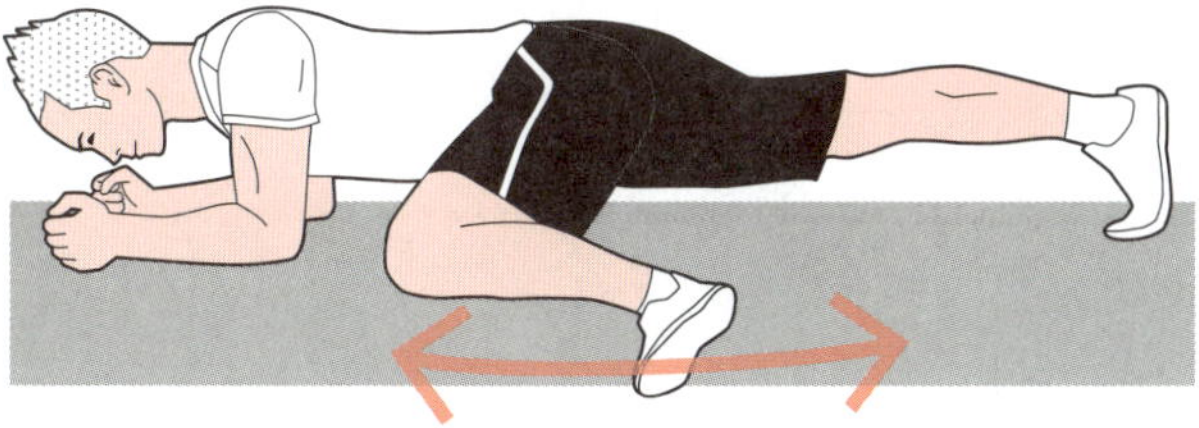

Point

- 骨盤が傾かないように固定する
- 両ヒザをしっかり浮かせる
- 脇腹をしめるイメージで

左右10秒
ずつ

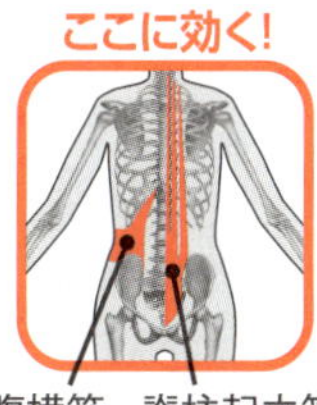

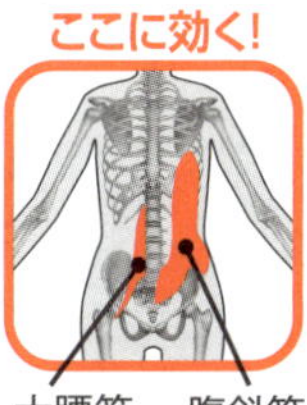

Column 5

「アスリート丼」で栄養補給もしっかり

質のいい筋肉や骨をつくるには、たんぱく質やカルシウムが不可欠。筋肉の質を高めるためにプロテインをとり、サプリメントでカルシウムなどを補う方法もあるが、**基本は、まず食事でバランスよく栄養をとること**だ。

そこで、忙しいビジネスパーソンにおすすめなのが、どんぶりに必要な栄養素のある食材を何種類か入れてとる方法。いつでもパパッとつくれるし、**脂肪分を極力ひかえる以外は、とくにルールはなし**。たとえば、トッピングには、

・カルシウムが豊富なちりめんじゃこ
・脂肪分が少ないたんぱく源、鶏のささみ
・もうひとつ良質のたんぱく質である、たまご(あるいは豆腐などの大豆食品)
・スタミナがつくニンニクやレバー
・トマトなどの野菜

多彩に盛れば、栄養満点で目にも楽しい「アスリート丼」のできあがり。量をひかえれば、遅めの夕食でも負担にならない。いろいろ応用して楽しもう。

Chapter 8

ストレスを消して疲れをとる！
快適だから能力全開！

——オフィスや家でリラックス。そのカンタンすぎるコツ

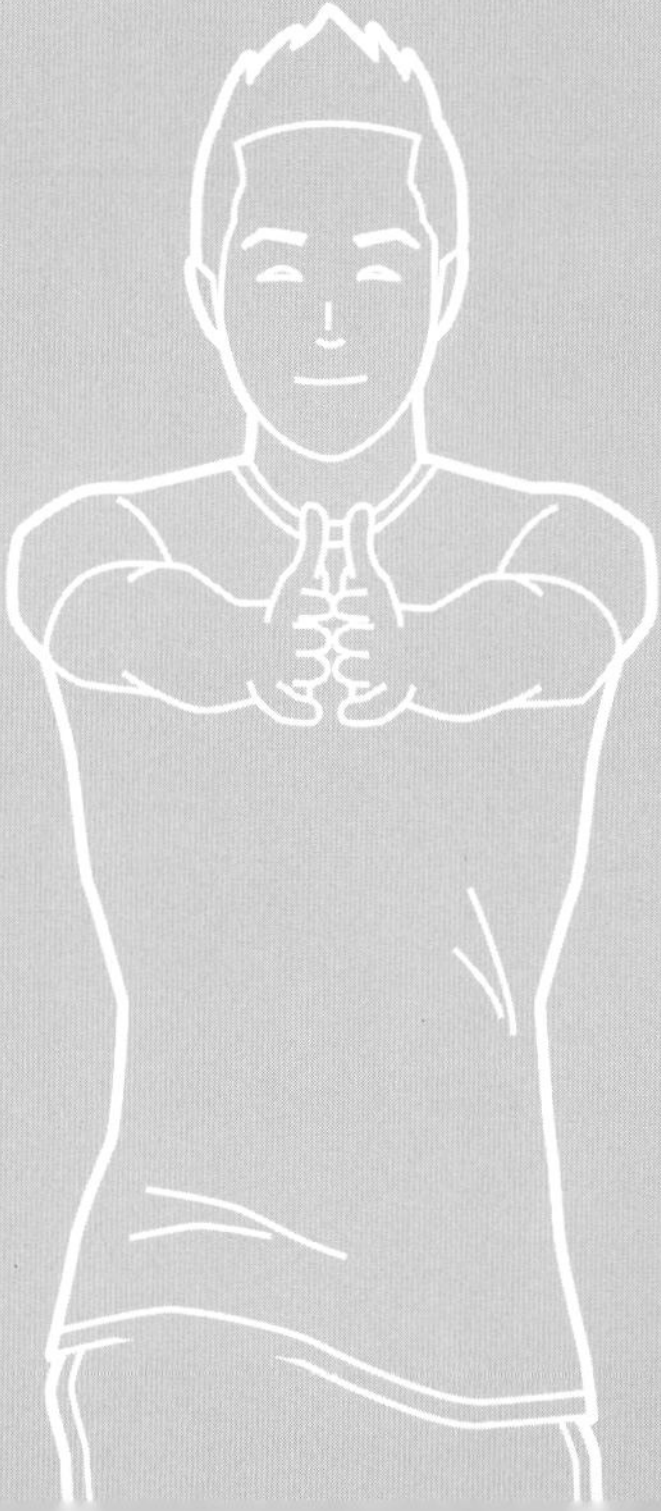

◎「疲れを、マメにリセット」が、将来の健康指数を左右

一日のほとんどを座りっぱなしですごしていたら、筋肉がこりかたまって血行不良に陥っていく。その結果が、肩こり、首痛、腰痛、頭痛、四十肩、腕のしびれなど、多くのビジネスパーソンが抱える悩みの数々だ。オフィスでストレッチする――略して、「オフィストレッチ」のポイントは、次の3つ。

- **・デスクワークに集中しているとき、最低でも2時間に1回はストレッチする。**
- **・ストレッチのペースは「ゆっくり」が基本。**
- **・「痛い!」と感じたら、それ以上はやらない。**

首・肩・腰に即効く7つの「オフィストレッチ」

少しでも痛みを感じたら、その場でストレッチをしておけば、将来のリスクをかなり軽減できる。どれも、その場で血流をよくするので、習慣化してほしい。

オフィストレッチ①

座ったまま、カンタンに!
「首の後ろ」を伸ばす。

オフィストレッチ②

腕を引っぱりながら「首の側面」を伸ばす。

首から肩甲骨にかけて走る僧帽筋がよく伸びる。

頭の後ろで手を組み、ゆっくり首を前に倒していく。

そのまま20秒キープ。

Point
- 首を倒すときに勢いはつけない
- ヒジをさげて肩甲骨を開く

腕を引っぱりながら、首の側面を気持ちよく伸ばしていく。

両手を後ろに回し、左手で右手首を引きながら頭を左側へゆっくり倒していく。次に、手を逆にして逆側に頭を倒す。

左右20秒×2セット

Point
- 耳を肩につけるようなイメージ
- 動作はゆっくり

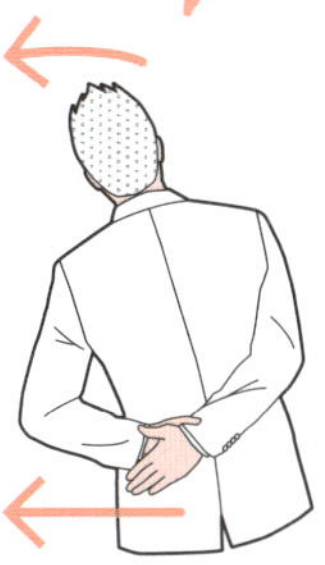

オフィストレッチ③

ボールを抱えるポーズで「肩甲骨まわり」をほぐす。

デスクワーク中は肩甲骨のまわりがうっ血しやすいため、意識的にゆるめることが大事。ボールを抱えこむような伸びの動作が効かせるコツ。

手のひらを顔に向けて両手を頭の前で組み、少しねこ背ぎみになって腕を前に伸ばしていく。

20秒
×
2セット

Point

- ボールを抱えるようにヒジは少し曲げる
- 肩甲骨を外に開くイメージで腕を伸ばす

オフィストレッチ④

首ストレッチの仕上げはコレ。頭も冴える「肩回し」。

オフィストレッチ①~③までのストレッチだけでも、首まわりはかなりラクになるが、この肩回しも加えれば、より効果的。肩がこりかたまっている人は、たった10回、回すのも、つらく感じることがある。毎日続けるうちに頭の働きもよくなり、あとの仕事の効率もアップ。

両手の指先を肩の上に置く。肩甲骨を動かすよう意識しながら、ゆっくり大きく肩を回す。

前から回したら次は後ろからも回して。

前後
10回ずつ
×
2セット

Point
両ヒジが顔の前でくっつくように回す

Point
両腕を広げたとき、胸の筋肉の伸びを感じる

オフィストレッチ⑤

腰掛けてやる左右のひねりで「背中」を伸ばす。

椅子の背もたれを利用し、腰を左右にひねる。背中の筋肉がすぐにゆるみ、腰のほうまでラクになる。無理にひねると、かえって筋肉を傷めてしまうので注意。

背もたれを手で持ってささえにし、腰を左右にゆっくりひねる。

「気持ちいい」と感じるところで
10秒キープ。

左右交互に
10秒ずつ
×
2、3セット

Point
・無理にひねらない
・動作はゆっくりと

オフィストレッチ⑥

「腰」を回して おなかも快調に！

座りっぱなしだと、おなかの動脈が圧迫されて血流が滞りがちに。そこでおすすめなのは、休憩で立ちあがったときや、トイレのついでにできる腰の旋回運動。腰まわりの筋肉をゆるめると、胃腸の働きも改善。食後にやれば消化がスムーズになる。

**腰骨に手を当て
できるだけ大きな動作で
腰を回す。**

Point
・おなかを凹ませて力をこめ、ドローインをキープ
・腰に当てた手に力をこめる

左右10回

オフィストレッチ⑦

座ったまま片ほうのヒザを抱えて「背中」を伸ばす。

椅子に座ってヒザを抱えるポーズで、背中をストレッチ。カンタンなのに、背筋がよく伸びて腰もラクになる。座ったままできるから、痛みを感じたときに、そのつどやっておくといい。

椅子に座ったまま片ほうの脚をあげ、両手でヒザを抱える。そのまま、胸をゆっくりヒザに引きつける。

背中はちょっと丸めて。
10〜20秒キープ。

左右
10〜20秒
×
2、3セット

Point

- 背筋の伸びを意識する
- ヒザは固定したまま胸を近づけていく

◎日中の半分を費やす「座り姿勢」で万病を予防！

デスクワーク中心のビジネスパーソンには、「正しい姿勢の維持」こそ、コリや痛みを遠ざける最短の道。「いい姿勢で座る」――ただそれだけで、肩や首のコリ、腰痛はもちろん、緊張性頭痛や、胃腸炎といったトラブルも遠ざけることができる。そう、**「正しい姿勢＝万病の予防」**ともいえるのだ。

はじめのうちは正しい姿勢を長く維持できなくても、まずは意識することが大事。「あっ、姿勢が乱れてきた」と気づいたら、そのつど、治す癖をつけると、体がだんだん覚えてくれる。以下のポイントをチェックしながら、いい姿勢を身につけよう。

正しい座り姿勢をつくる7つのポイント

1　耳・肩・腰を結ぶラインをまっすぐ一直線に。耳～肩～腰（股関節）～くるぶしまで結ぶラインを一直線にするのが理想。こうすると背骨を横から見たとき自然なS字カーブになり、負荷が分散される。はじめは、誰かに横からのラインをチェックしてもらい、椅子やモニターの高さを調節するといい。

2　背筋を伸ばす。背筋をピンと伸ばすことは、基本中の基本。背中を丸めると、耳からくるぶしまでの一直線のラインが、あっという間にくずれてしまう。

3　座っているときもドローイン。ドローインで腹圧を高めておくほうが、いい姿勢を維持できる。

4　浅く腰掛ける。座るとき、太ももがやや下がるくらい腰を浮かせぎみにするとバランスがよくなる。深く腰掛けると、腰まわりの筋肉に負担がかかり、腰痛のリスクが高まる。背もたれに寄りかかる、脚を組む、などもNG姿勢。

5 かかとは軽く浮かす。足はやや後方に引き、前足部だけ床につける。かかとを軽く浮かすことで、ヒザは自然と下がり、腰まわりの筋肉によけいな力が入らなくなる。

6 ヒジの角度は90度が理想。キーボード操作中のヒジの角度の目安は90度。ただし、作業のしやすさには個人差があるので、試してみて自分にとってベストな位置を見つけよう。

7 モニター位置を調整。モニターは、背筋を伸ばし、軽くあごを引いた姿勢でよく見える位置に設定。目線は下にも上にもなりすぎないように。

◎朝か晩か？　おすすめのトレーニング時間

「体幹トレーニングをはじめたら、よく眠れるようになった」「眠りが深くなった」という感想をよくいただく。体幹トレとストレッチは、朝起きてすぐやれば、体にとって最高にいい刺激になる。

よく眠れるというのは、自律神経がバランスよく働き、交感神経と副交感神経のスイッチの切り替えがうまくいっている証拠だ。

周知のとおり、自律神経は体温や血圧、発汗、消化など、生命維持に深くかかわる機能をコントロールしている。

交感神経は昼間の活動時に、副交感神経はリラックス時や睡眠時に優位に働くが、夜型生活に偏りやすい現代人は、この自律神経のオンオフが乱れがちだ。深夜までパソコン作業に没頭するなど、緊張状態が続くと、昼型の交感神経が寝る時間になってもオフにならないため、不眠に陥りやすくなってしまうのだ。

つまり、質のいい睡眠を得るには、「緊張したらゆるめる」というメリハリが肝心。**だから、体幹トレも、就寝2時間前までに終えるのがいい。**

そして、**ストレッチで体をほぐすことは、眠れる体をつくる方法としてもおすすめできるので、寝る直前にやってもいい。**

よく動いてよく眠る。これこそ、快適に暮らすための、もっともシンプルな法則だ。

◎疲れが残らない「アスリート流・入浴法」

眠れる体をつくるには、お風呂の入り方にも工夫が必要だ。気をつけたいのが、まず**「湯の温度」**。

実は、湯の温度は自律神経の働きを大いに左右する。熱い湯の場合、湯船に入ったとたんに心拍数が上がってドキドキしてくる。交感神経が活発に働くので、**心臓に負担がかかるし、体温が急にあがってのぼせやすくなる。そのまま長湯をすればエネルギーを消耗し、翌朝まで疲れが残ったり、体が興奮して眠りが浅くなったりしてしまう。**

そこで私は、アスリートや翌日スポーツをする予定がある人には、**「熱い湯にいきなり、つからないように」**とアドバイスしている。

以下は、眠れる体をつくる入浴の3つのポイントだ。

ポイント1　体温より2、3度くらい高いぬるめの湯につかる。

ポイント2　湯をはるのは、心臓より下のラインまで。

ポイント3　湯船につかる時間は5分程度にし、あまり長く入らない。

これで心臓への負担が軽くなり、体が効果的にゆるむ。一般の方はここまで厳格にする必要はないが、体幹トレーニングのあとで体の疲れを感じたら、この「アスリート流・入浴法」をためしてみよう。翌朝の目覚めがスッキリする。

★この入り方なら、熱い湯でもOK

アスリートでも、**「翌日がオフであれば、熱い湯につかってもOK、ただしさっと入るように」**とアドバイスしている。

つまり、熱い湯につかってもいいが、交感神経が過敏になりすぎる手前でバスタブからでるようにするのだ。

さらに、入浴後、血行がよくなったところで「ストレッチ」をすれば、筋肉がよくほぐれて体がゆるみ、疲れがとれるわけだ。

◎朝の目覚めが断然違う！「短く深く、眠る法」

おやすみ前に、パジャマでできる「安眠エクササイズ」をいくつかご紹介しよう。体幹トレーニングをきちんとやる時間がないとき、頭が冴えてなかなか眠れないとき、体の重さが抜けないときなどに行えるよう、覚えておくと便利だ。副交感神経を優位に働かせ、速攻で眠れる体をつくることができる。

睡眠で大切なのは、長さ以上に「質」。短時間であれ、ぐっすり眠れば、疲れはリセットされ、翌朝からまた元気に活動できる。

★おやすみ前ストレッチ①「ドローイン」で翌朝の体調が変わる

ドローインは、日常生活のさまざまなシーンで応用できる。

就寝前にベッドの上でやれば内臓が活性化し、胃腸の具合もよくなる。息を吐くときは骨盤を床におしつけて、背中は浮かせないこと。これで、前傾しやすい骨盤の位置が調整され、体幹バランスがよくなる。

1　仰向けに寝てヒザを90度に曲げる。

2　鼻から息を吸っておなかをふくらませ、口からゆっくり吐きながらおなかを凹ませる。おなかと背中をくっつけるイメージでゆっくり10回。

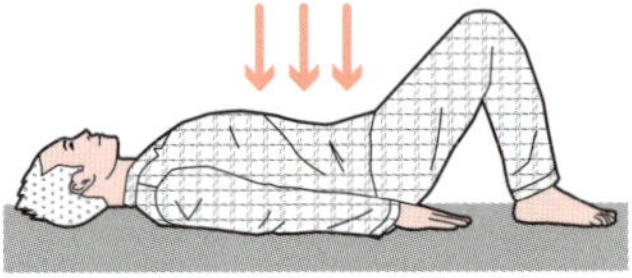

★②寝たまま脚を引き寄せて、股関節ストレッチ

こんなにラクで気持ちいいのに、かたくなりやすい股関節が柔軟になり、骨盤の位置も調整される。

1　仰向けに寝て鼻から息を吸う。

2　口から息を吐きながら、片ほうの脚を胸に引き寄せる。両手でヒザを抱え、腰は床におしつけるようにする。伸ばしたほうの脚はまっすぐに。

3　十分に引き寄せたら、伸ばしてリラックス。逆側の脚も同様にストレッチ。左右3～5セット。

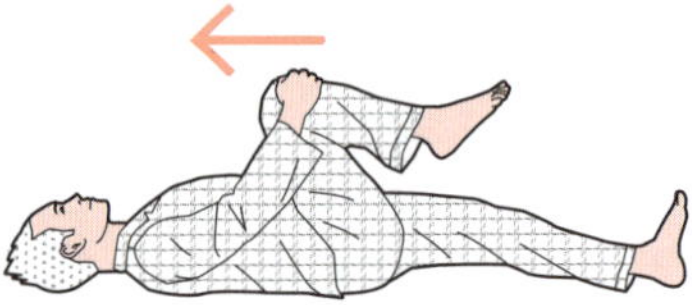

★③座り疲れを、一瞬で癒す！

首筋や肩が伸びるのを感じながら、気持ちよく一日の疲れを癒そう。機内シートでもできるので、出張時にも重宝。眼精疲労、四十肩対策にも。

1 背筋を伸ばして椅子に座る。

2 手の指を組んで腕を前に伸ばし、背中を丸めて腕の輪の中に顔をしずめる。おへそをのぞくイメージで、ヒジはやや外側に広げる。

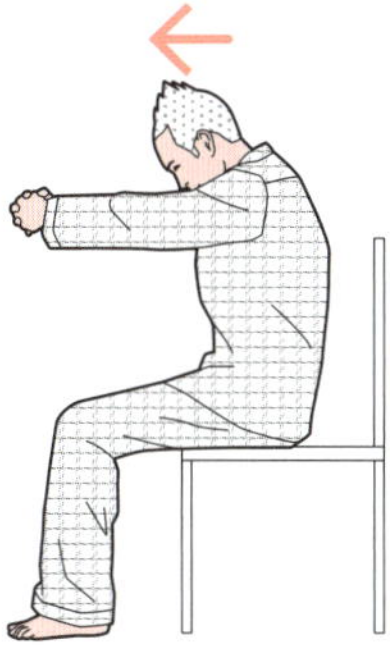

★④おすだけ内臓マッサージで、安眠モードへ

内臓の活性化に効果的なマッサージ。寝たまま、下腹部からみぞおちまでを指先でおしていくだけで、とてもカンタンだ。図のように、時計まわりに少しずつずらしながら、6カ所ほどプッシュ。息をフーッと吐くときにおすのがコツ。各所1~3秒ほどかけて3周繰り返す。腸の働きがよくなり、翌朝はおなかがスッキリ。

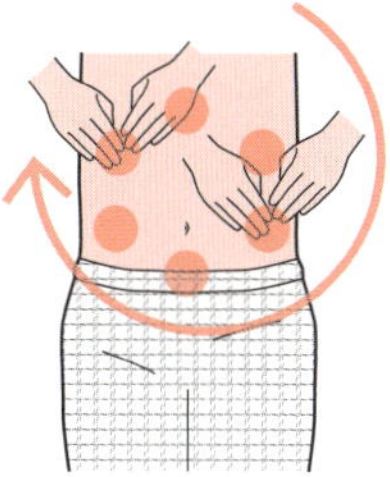

◎ストレスがスーッと消える「極めつけの呼吸法」

苦手な人間関係、過密なスケジュール、長引く会議などのストレスにさらされているとき、呼吸は浅くなり、口呼吸になっている。この口呼吸というのが問題で、口からウイルスや埃《ほこり》がダイレクトに入ってくるので、体へのリスクが大きい。

そこで、おすすめしたいのが、緊張をゆるめてくれる、リラックス呼吸法だ。

おへそのすぐ下（指幅3、4本分下）、「丹田《たんでん》」を意識しながら、大きくおなかに息をためるように**「3秒で吸う→2秒間止める→口から細く長く15秒かけて息を吐く」**。

おなかの底から長く息を吐きだすと、自律神経のバランスが整って心が安定する。

丹田に意識を集中するコツは、**「頭の中で数を数える」「両手を腰に当てて、骨盤を少し立てる」「静かでリラックスできる場所で無心でやる」**の、3つ。

椅子に座ったままできるので、ストレスがたまったら、そのつどやるといい。

おわりに

「体幹」を鍛えて、ワイルドに夢をかなえる！

ロンドンオリンピック以降、国民的にスポーツへの関心が高まる中、「体幹」を鍛えることに、ますます注目が集まっています。なでしこジャパンのメンバーによる「KOBA式・体幹トレーニング」の様子も各メディアで紹介され、〝体幹力〟の魅力が広く知られるようになったのは、うれしいかぎりです。

私と「体幹」との出会いは、15年ほど前にさかのぼります。

実は、かつて私もアスリートとしてオリンピックを目指していました。

柔道とレスリング、両種目の選手でしたが、オリンピック出場を目前に、ケガにみまわれ、競技人生を断念したという苦い経験があります。

その後、トレーナーとしてアスリートらのケガの治療やトレーニング指導にあたる中、くる日もくる日も、「どうしたら、ケガをしなくなるのか?」と、問い続けた結果生まれたのが、この**弱った体を根本から再生させるメソッド**なのです。

体幹を鍛えると、運動能力があがるのはもちろん、姿勢矯正、ダイエット、メタボ解消……と、実にたくさんのメリットがあることは、おわかりいただけたと思います。

体の中心にブレない軸ができると、心も、脳も、すべて連動してよくなります。

自然と高い目標に向かって走りだす力、強い気力が備わるのです。

そして、どんな問題に直面しても、ズバズバッと正解を選びとっていく、野性の勘のようなものが、とぎすまされていきます。

体幹トレーニングは、誰でも、今すぐカンタンにはじめられます。続ければ続けただけ、あなたの体は、応えてくれます。

体幹を鍛えて夢をかなえる! 仕事も、スポーツも、恋も!

あなたの人生も、日々、どんどん好転していくことをお約束します。

本書は、本文庫のために書き下ろされたものです。